Iconografía de la Semana Santa de Sevilla

Iconografía de la Semana Santa de Sevilla

Prólogo: Manuel Jesús Roldán

Introducción: Jesús Méndez Lastrucci

Textos: Pablo Borrallo

Fotografías : Antonio Sánchez Carrasco, Javi Jiménez, Sebas Gallardo, Pedro Aranda y Francisco José Pérez

Ilustraciones: Teresa Guzmán y César Ramírez

Colaboran: Alberto Diago, Francisco Javier Montiel, Fernando Salazar y Ángel Bajuelo

ediciones ALFAR

Edición a cargo de Álvaro Lorenzana

Colección: Semana Santa

Vía Flaminia, 12 - 41089 Dos Hermanas, Sevilla
www.edicionesalfar.es/alfar@edicionesalfar.es
ISBN: 978-84-7898-750-4
Dep. Leg.: SE 2081-2017
Impreso en España / *Printed in Spain*

Índice

Presentación

Pablo Borrallo

"Iconografía de la Semana Santa de Sevilla" es una novedosa aproximación histórica, artística y teológica a la Semana Santa de Sevilla. Un proyecto editorial que tiene por fin conjugar la Historia, la Historia del Arte, la Teología y la Liturgia, en el anhelo de conseguir que aquellas personas que se acerquen a él, lo hagan a la vez a una observación más profunda de la fiesta por antonomasia de Sevilla. Escrita desde el compromiso humanístico-cristiano, en esa búsqueda incesante de todos aquellos significados que nos acercan a Dios, se trata de un trabajo historiográfico distinto a todos cuantos se hayan podido realizar hasta ahora sobre nuestra Semana Santa. Un libro que no goza de precedentes bibliográficos en la ciudad y que dividido en siete bloques, recorre aspectos hasta ahora no tratados como el Helenismo, las Letanías, el Magníficat, las Virtudes Cardinales, la Encarnación del Verbo, el Bestiario de Cristo, los Dogmas, los Misterios del Santo Rosario, la Zarza Ardiente, el Tetramorfos, las Órdenes Mendicantes, las Órdenes de Caballería, el Patronazgo de la ciudad, la Sevilla Histórica y Monumental, los Seises, el Cabildo Municipal y un largo etc.. y sus representaciones en nuestra Semana Santa.

Una obra que escribo y coordino, que cuenta con las fotografías de Antonio Sánchez Carrasco, Pedro Aranda, Javi Jiménez, Sebas Gallardo y Francisco José Pérez, y las ilustraciones de Teresa Guzmán y César Ramírez. El libro, con Prólogo del conocido historiador Manuel Jesús

Ntro. Padre Jesús de la Salud. Teresa Guzmán (TG)

Roldán Salgueiro y la Introducción del escultor y escritor, Jesús Méndez Lastrucci, cuenta con las relevante colaboración de Alberto Diago, autor del Epílogo, y de los reconocidos fotógrafos Francisco Javier Montiel, Fernando Salazar y Ángel Bajuelo.

Un libro que rastrea con afanes divulgativos los aspectos más desconocidos de las representaciones iconográficas que vemos en nuestra Semana Santa y que por medio de Ediciones Alfar, se pone a disposición de los cofrades para gloria de Sevilla.

Que usted lo disfrute

Ntro. Padre Jesús Despojado de sus Vestiduras. TG

Señor de la Sagrada Cena. TG

Ver en tiempo de ciegos

Manuel Jesús Roldán

Entonces los ojos de los ciegos serán abiertos, y los oídos de los sordos se abrirán

(Isaías 35, 5)

"*Un sistema de imágenes simbólicas*". Así es definido, en su tercera acepción, el término iconografía (Del latín medieval *iconographia,* y éste del griego εἰκονογραφία *eikonographía)* por la Real Academia de la Lengua. La misma institución define un símbolo como un "*Elemento u objeto material que, por convención o asociación, se considera representativo de una entidad, de una idea, de una cierta condición*".

Vivimos en un mundo de símbolos. Quizás más que nunca. El siglo de la rapidez, de la concreción, de la inmediatez; el siglo que opta por el resumen, por la síntesis, por el texto corto, por el mensaje directo… incluso por el *meme* burlón o reivindicativo. Un tiempo de síntesis que no va unido a una mejor comprensión ni a una asimilación del lenguaje, ni mucho menos a una profundización de contenidos. El siglo de la sobreabundancia de información, en Internet y en las redes sociales, está posiblemente condenado a ser un tiempo de ceguera incomprensiva e incomprensible: el ojo del joven del siglo XXI mira pero no sabe ver, lee pero no comprende, escucha pero no asimila, contempla pero no disfruta lo que podría. Si la misma ONU define a un *analfabeto funcional* como aquel que tras leer un texto es incapaz de sintetizar su mensaje y sus ideas principales, podríamos concluir que un texto tan excepcionalmente rico y simbólico como es la celebración de la Semana Santa en Sevilla queda condenado a ser un mensaje cada vez menos entendido. Si no hay entendimiento, no hay comunicación. Si no hay comunicación, no llega el mensaje. Si no llega el mensaje, la Semana Santa no tiene sentido. Algo que, cada vez más y sin intención de tomar derroteros apocalípticos, ocurre en un público que asiste y que participa en procesiones cuyo significado apenas alcanza a comprender, perdiéndose hasta el mismo sentido de la celebración.

La celebración de la Semana Santa de Sevilla hunde sus raíces en la historia del Arte europeo occidental, y como tal debe ser entendida y analizada. Buena parte del Arte de Occidente se puede explicar a través de una manifestación de religiosidad popular que ha estado y está influida por las ideas estéticas, teológicas y el pensamiento de cada época, y también por las culturas precedentes y hasta foráneas. ¿Sincretismo? No sería el término apropiado, pero el propio comienzo de las siguientes páginas explica esta idea: *Helenismo* como primer capítulo. No se puede entender al Crucificado de la Expiración del Museo sin la convulsa sociedad del siglo XVI o sin el complejo significado del Manierismo como corriente artística del momento. Tampoco se puede entender sin conocer las formas convulsas del último arte clásico griego, el periodo helenístico, donde el *pathos*

Ntro. Padre Jesús de las Penas. TG

(al fin y al cabo, *la expresión*, *la pasión*) hace convulsionar a sus figuras y les hace transmitir al espectador un sentido de tragedia que alcanza su máxima expresión, para los seguidores de Cristo, en la muerte del Inocente. Símbolos y expresiones, *alfa* y *omega* del alfabeto griego bordado en la túnica persa del Señor de Sevilla, antiguos *moscóforos* griegos que se transforman en el Buen Pastor Cristiano, Venus como madre perfecta que influirá en la imagen de María eternamente joven como símbolo de la perfección sin mancha de la Escogida por Dios. Símbolos que incluso se adelantan al dogma: media Sevilla juraba defender la Concepción Inmaculada de la Virgen a comienzos del siglo XVII, con juramento de sangre si fuera preciso, y un papado que tardaba más de dos siglos en proclamar la creencia común en la ciudad desde tiempos del primer Barroco. Iconografía de calle e iconografía institucional, no siempre en paralelo.

La celebración de la Semana Santa, y muy especialmente la de Sevilla por su carácter de manifestación viva y en constante evolución, es uno de los mayores conjuntos de símbolos del mundo occidental. Todo el archivo de *emoticonos* de un móvil actual, curiosamente poco conocidos también por la mayoría de sus usuarios, es una gota de agua en el mar simbólico de la Semana Santa sevillana. A las ideales del mundo helenístico se fueron superponiendo el realismo pragmático del mundo romano, los anagramas ocultos en catacumbas de una religión perseguida, la esquematización del mundo visigodo, las bases teológicas de los Padres de la Iglesia, la síntesis simbólica del mundo bizantino, la creación de la hagiografías de apóstoles y santos en el medievo, la conceptualización del Románico, las nuevas devociones de las órdenes mendicantes, el miedo y la superstición popular ante las grandes epidemias, el primer realismo descarnado del Gótico, la idealización platónica del Renacimiento, la compleja intelectualidad en formas y contenido del Manierismo, las estampas y grabados de flamencos e italianos, la defensa de la imagen del Concilio de Trento, la lucha contra la herejía protestante, el naturalismo descarnado del caravaggismo, la compleja información de los libros de emblemas y de heráldica, la sociedad estamental del Antiguo Régimen, el miedo vanidoso ante la muerte, la Ilustración como intento imposible de razonamiento ante el sentimiento, el liberalismo rompedor, la idealización romántica, la monarquía de siempre, la nobleza de ayer y de hoy, las revoluciones lejanas y cercanas, la elegancia sinuosa del Modernismo, la cercanía popular del costumbrismo regionalista, las rigideces puristas de las dictaduras o los aires depuradores del Concilio Vaticano II…

¿Caben todos estos signos en la Semana Santa? Absolutamente todos, con sus infinitas ramificaciones, significados y connotaciones. ¿Son comprendidos los símbolos de la Semana Santa por el público actual? La respuesta, con todas las matizaciones posibles, podría ser una rotunda negativa. Más allá de concursos de supuesta cultura cofrade donde se cuentan números de candeleros o lágrimas de Dolorosas, donde se acumulan años y cifras de salidas procesionales, donde se enumeran y catalogan autores sin contextualizar o donde se aciertan marchas procesionales a partir de un mínimo fragmento, la general compresión del universo simbólico y de la rica iconografía de la Semana Santa es generalmente muy escasa. Un público que sabría identificar cualquier marca publicitaria con solo ver su símbolo, que tiene

Ntro. Padre Jesús Nazareno. TG

Stmo. Cristo de las Tres Caídas. TG

impreso en su mapa de conocimientos los iconos habituales de internet, que almacena miles de fotos en sus móviles de última generación o que archiva centenares de capítulos de sus series favoritas, no es, sin embargo, un buen lector o intérprete de la rica iconografía de la Semana Santa.

Las siguientes páginas son una perfecta guía de respuesta al qué, al cómo, al cuándo, al dónde pero, sobre todo, al porqué de la Semana Santa. Esa es la esencialidad de esta manifestación de la religiosidad popular. Lo fundamental no es saber contar las Cinco Llagas sino entender su porqué. No identificar una Dolorosa por el número de sus lágrimas sino saber su porqué y su desde cuándo. Conocer e identificar a los apóstoles más que recitar su lista como una lista de reyes godos sin fundamento. Diferenciar ángeles y arcángeles contextulizando su presencia y sus orígenes antes de entrar en absurdas discusiones bizantinas sobre los *tronos*, los *querubines*, los *serafines* o las *potestades*. Entender y comprender la simbología de los colores frente a la simple enumeración y clasificación propia de álbumes infantiles donde pegar y colorear.

Afirmaba Núñez de Herrera que *la Semana Santa no había existido nunca. Que las otras Semanas Santas pertenecen a la Historia, al recuerdo. Que la Semana Santa es incapaz de filosofía y de historia… Pero el hombre, ávido de resurrecciones de milagro*, lo intentó. Y al ser un fenómeno paralelo a la historia de la ciudad, cargó con toda su carga cultural, con su peso histórico, con la tradición teológica, con la influencia estética de cada momento, con la genialidad artística de cada momento y de cada sociedad, con la aportación popular, con el contexto iconográfico del espacio en el que se envuelve. Por eso, en las siguientes páginas aparece Jesús y aparece María, aparecen los apóstoles y aparecen los personajes secundarios, aparecen los dogmas y también las creencias, las virtudes teologales y las cardinales, los evangelios reconocidos y los evangelios apócrifos, los Dolores de la Virgen pero también sus letanías de alabanza, los atributos de la Pasión y los ángeles que los portan, el sentido de la cruz y las formas de portarla, el patronazgo de la ciudad y la ciudad en sí misma, las órdenes mendicantes y las órdenes de caballería, el gallo que cantó cuando Cristo fue negado (con cenizas guardadas en la mismísima Casa de Pilatos) y los sanedritas que acusaron a Jesús, los escudos de heráldica y los santos del escudo de la ciudad, Fernando, Isidoro y Leandro, situados allí por el peso histórico de los siglos aunque incultos contemporáneos quieran bajarlo de su lugar; blasones de hermandades y, algo de de dualidad a pie de calle, hasta alguna presencia del Sevilla F. C. y del Real Betis en algún rincón de estas simbólicas páginas.

El texto de esta necesaria guía iconográfica, comandada por los textos de Pablo Borrallo, cocinero y fraile, sabedor de Historia y de historias, escritor y editor, erudito pero didáctico, se apoya en un conjunto de imágenes de un equipo que empieza a ser imprescindible para retener la mirada de la Semana Santa del siglo XXI, las de los fotógrafos Antonio Sánchez Carrasco, Javier Jiménez, Pedro Aranda, Francisco José Pérez y Sebas Gallardo. A ellos se añaden las ilustraciones de Teresa Guzmán y César Ramírez, con la sensibilidad necesaria para llevar al papel la riqueza iconográfica de esa Semana Santa que, sentencia de Núñez de Herrera, *solo pertenece al recuerdo*. Con la estimable colaboración de Jesús Méndez Lastrucci, otro *todoterreno artístico*, y la de Alberto Diago, el equipo de participante en este volumen alcanza la categoría futbolística de equipo completo si permiten incluir a este torpe prologuista como añadido de última hora...

Permítanle definir a este libro como una obra didáctica, amena, bella y necesaria. Un libro de símbolos en la ciudad que es todo un símbolo. Un libro de historias en una ciudad cargada de Historia. Un libro científico de una celebración que es puro sentimiento. Un libro que permite ver donde algunos solo miran. Un libro casi imposible: razona y ayuda a entender los signos que nos llevan a Dios.

"Y respondiendo Jesús, les dijo: Id, haced saber a Juan lo que habéis visto y oído: los ciegos ven, los cojos andan, los leprosos son limpiados, los sordos oyen, los muertos son resucitados, y a los pobres es anunciado el evangelio."

Agosto, 2017.

Introducción

Jesús Méndez Lastrucci

En el ámbito y universo de la Semana Santa de Sevilla, una nueva luna llena literaria alumbra el orbe iconográfico. Tras la lectura completa de "Iconografía de la Semana Santa de Sevilla", y haberme deleitado con su lectura, siento la necesidad de expresarme con la rotundidad de un sentimiento asentado, ya que encuentro razones suficientes, para calibrar de absoluta calidad la presente publicación.

Tras el éxito de *Simbolismo de la Semana Santa de Sevilla*, el presente, se desenvuelve con la solvencia de saberse posicionado en un camino correcto. Un camino que cruza un campo abierto, y de seguro que cuando aparezca la sed, ésta buscará saciarse en el pozo del razonamiento, y que sólo el conocimiento sabrá expresar.

En su amplio contenido, a través de sus siete bloques iconográficos, se podrá apreciar cómo de un modo cuidadoso, Pablo, ha seleccionado una diversidad de temas, partiendo del centro de nuestra fe; Jesucristo.

Como artista plástico, asimilo las observaciones que nos ofrece este bloque, teniendo su

Ntro. Padre Jesús en su Presentación al Pueblo. TG

origen bajo unas fuertes influencias helenísticas. Unas características artísticas que aún se extienden a nuestros días. Entendiendo, que se ha conseguido alcanzar un nuevo máximo exponente representativo, en imágenes como el Señor de la Caridad de la Hermandad de Santa Marta. Sirva como claro ejemplo, de una obra que viene al mundo iconográfico más próximo a nosotros en el tiempo; en pleno siglo XX.

Pablo Borrallo, centra todas las miradas en el Leño Verde, pues será Él quien nos abrirá paso en este estudio iconográfico, que se verá centrado en la Cruz.

Qué mejor manera de llegar a Dios, sino a través de su Bendita Madre, de ahí que el segundo bloque esté enteramente dedicado a Ella. La iconografía Mariana es tan extensa, que, Pablo, la contempla ampliamente. Evocando el poder Universal de la Madre de Dios; sus Misterios, Dolores, Letanías y Dogmas. Una delicia que nos permitirá recrearnos en todos los valores Marianos, que en esta ciudad se viven a flor de piel.

Es por ello, que haciéndola nuestra, podremos observar cómo se equilibran los valores teologales, fundiéndose con los artísticos e históricos, dentro de la grandeza iconográfica que se concentra en nuestra Semana Santa. La riqueza que de por sí encierra su contenido, se me antoja como la mejor baza, para todo aquel que se acerque a sus páginas, pues le revelará sus distintos significados. Además, nunca antes se había reunido, en un mismo libro, tanto material exquisitamente cuidado.

Conforme nos adentremos en su lectura, aconsejo hacerlo en momentos que escojamos para nosotros mismos, de manera que podamos disfrutarla en su totalidad. Será cuando sin darnos cuenta, iremos desgranando la grandeza que la obra nos ofrece. En mi propia vivencia, he experimentado que este programa iconográfico se nos presenta como ese árbol de la vida, que con su amor nos cautivará. Así nos desvelará su verdad a cada paso. De este fruto, sí debemos probar.

Siguiendo con su lectura, un nuevo bloque se centrará en el estudio iconográfico de los propios pasos procesionales. Este tercer bloque lo contemplan una veintena de puntos, abarcando temas tan dispares como los distintos estilos artísticos. Igualmente, se conjugan y comparten espacio con otros conceptos, pasando por los Dogmas de la Iglesia, así como las Virtudes Teologales y Cardinales.

El autor no se olvida del estudio iconográfico de las imágenes secundarias, y vestimentas. Entre otros aspectos, se detiene en distinguir la naturaleza iconográfica de la propia imagen, según los matices artísticos, con el que el artista imaginero ha dotado a la imagen. Es a través de este medio visual, el que nos hace relacionar la belleza con el bien, y la fealdad la hace reconocible con la maldad.

Casi sin darnos cuenta, por medio de una lectura clara e interesante, iremos avanzando hasta el quinto bloque, que trata sobre la Iconografía Institucional. Una visión diferente con respecto a los ya tratados, que cumple con ese punto de inflexión dentro de esta obra nutrida y extensa.

Una de las razones para que se de esta fácil comunicación, es sin duda, las brillantes fotografías e ilustraciones con la que este libro nos brinda. Grandes firmas en el mundo de la fotografía y pintura cofrade, donde así mismo nos dibuja la grandeza de saber mirar y captar los múltiples detalles que vienen a ilustrar esta magna obra.

La lectura nos conduce a las puertas de un nuevo bloque iconográfico, estando éste centrado en recoger los aspectos devocionales de la ciudad de Sevilla. Al verlos recogidos en este sexto bloque, no tardaremos en darnos cuenta de la riqueza espiritual de la que goza esta ciudad. Aunque, ciertamente, los sevillanos nos encargamos de mantener viva nuestras devociones en sus distintas manifestaciones de religiosidad popular.

Es por ello, que el último bloque esté precisamente dedicado a la iconografía propia de Sevilla. Esa iconografía callada pero que a la vez proclama a los cuatro vientos su condición Mariana. No en vano, se la conoce como "Tierra de María Santísima". En Sevilla tienen cabida, distintas culturas que perfilan su idiosincrasia, la que nos envuelve desde su condición histórica y monumental.

Eterna por siempre Sevilla, que se mece al compás de su propia banda sonora, la que se respira en la ciudad, no solo en primavera, sino también fuera de ella. Su magia verdaderamente se abre cuando los naranjos en flor, abren los brazos a todo su repertorio iconográfico de siglos. Es entonces cuando, desde lo alto, es bendecida con su característico e inconfundible olor que se funde con el incienso.

La lectura de Iconografía de la Semana Santa, la considero atemporal, la podemos leer en cualquier estación del año, cualquier momento será bueno, pero, donde realmente nos abrirá sus hojas de par en par, sin duda, será en ese tiempo de espera, en esa cuarentena, en ese tiempo dulce que nos conduce a la conmemoración de todas las conmemoraciones: La Pasión, Muerte y Resurrección del Señor. Una vez lleguemos a ella, durante sus siete días, seremos conscientes de una nueva manera de mirar. Seremos testigos de esos nuevos valores que se nos presentarán al identificar aquellos matices iconográficos que nos conducirán hacía la luz de la Resurrección.

Mª Stma. del Dulce Nombre y Ntro. Padre Jesús ante Anás. TG

1
Iconografía de Jesús

El Helenismo en la figura de Jesús

El desarrollo iconográfico de la figura de Jesús a lo largo de los años ha venido muy marcado por las influencias helenísticas, ésto es, por el conjunto de características culturales del pueblo griego durante el periodo histórico que abarca desde el año 323 a.C hasta el año 30 a.C. Dichas influencias, aplicadas a la escultura, se van a traducir en un ideal de belleza del que beberán grandes imagineros de la Semana Santa de Sevilla y que llega hasta nuestros días. Un ideal de belleza que evolucionará de las armónicas y proporcionadas formas clásicas, a las formas expresivas, como medio de presentar la Buena Noticia de la Salvación, muy particularmente desde que el Concilio de Trento (1545-1563) promulgase, definitivamente, el culto a las imágenes, lo que hará que los episodios de la Pasión de Cristo se teatralicen con un fin evangélico y catequizador.

Si durante el periodo románico y gótico, la belleza en las imágenes no va a ser tan relevante, a partir del siglo XVI, durante el periodo renacentista, ésta se va a convertir en objetivo capital de los artistas. Las imágenes de Jesús que se realizarán a partir de entonces, no solo estarán marcadas por la belleza, sino también, por aspectos donde primarán la deformidad en la representación de temas dramáticos, tal será el caso del Stmo. Cristo de la Expiración

Stmo. Cristo de la Sagrada Cena.
Hdad. de la Sagrada Cena. Pedro Aranda (PA)

Stmo. Cristo de la Caridad. Hdad. de Santa Marta. Sebas Gallardo (SG)

de la Hermandad del Museo, realizado por Marcos Cabrera en el año 1575, probablemente a imitación corporal del conocido grupo escultórico "Laoconte y sus hijos" que se conserva en los Museos Vaticanos. Ya desde fines del siglo XVI, la barroquización se va a hacer presente en la imaginería, con la expresión y el dinamismo copando el eje central de muchas de las obras que saldrán de ese periodo, siendo casos paradigmáticos, que recogen estas características, las imágenes del Stmo. Cristo de la Conversión del Buen Ladrón (1619) y Nuestro Padre Jesús del Gran Poder (1620), ambas del genial imaginero cordobés Juan de Mesa y Velasco. Igulamente, las influencias de la escultura helenística en la imaginería hispalense se harán notar en el estudio de los ropajes (Stmo. Cristo de las Penas de San Vicente, imagen

Stmo. Cristo de la Caridad. Hdad. de Santa Marta PA

anónima de bulto redondo), el abigarramiento de barbas y cabellos (Stmo. Cristo del Amor. Juan de Mesa, 1620), la marcada musculatura (Stmo. Cristo de la Expiración, "El Cachorro". Ruiz Gijón, 1682) y la flexibilidad de los movimientos (Cirineo de San Isidoro. Ruiz Gijón, 1687). Esa búsqueda de la expresividad y de la atmósfera sabría captarla a la perfección el in-

Ntro. Padre Jesús en su Soberano Poder ante Caifas. Hdad. de San Gonzalo TG

Stmo. Cristo de la Caridad. Hermandad de Santa Marta. TG

signe imaginero del siglo XVII, Pedro Roldán, a quien puede considerarse como el primer creador de los pasos de misterios de la Semana Santa de Sevilla, a la que legaría grandes escenografías como los misterios de la Quinta Angustia o el de la Exaltación. La imaginería contemporánea no escapará, tampoco, a las influencias helenísticas, teniendo en el siglo XX el claro ejemplo del Stmo. Cristo de la Caridad de la Hermandad de Santa Marta (Luís Ortega Bru, 1953), que resume a la perfección las características, anteriormente, descritas.

Iconografía de Jesús con la Cruz al hombro

Aún cuando la costumbre romana era que el reo portara sólo el travesaño, artísticamente, la denominación "Nazareno" va a hacer referencia siempre a un modelo iconográfico en el que se representa a Jesús, cargando con la cruz, camino del Calvario. Un tipo de representación que hunde sus orígenes en el siglo IV d.C y que procede del piadoso ejercicio del Vía Crucis, donde en la segunda estación se medita sobre el pasaje de Jesús llevando la cruz, una devoción extendida ya desde tiempos del emperador Constantino "el Grande" y que se reproducirá por vez primera en el año 350 d.C en el Sarcófago 171 del Museo Pío Cristiano del Vaticano. Podemos decir, que tras la iconografía de Jesús crucificado, la representación de Jesús Nazareno es quizás la de mayor calado devocional en la piedad popular. En dicho modelo iconográfico aparece, generalmente, Jesús coronado de espinas y vistiendo túnica morada, símbolo de penitencia, al amparo de unas facciones que delatan las huellas de su sufrimiento. Igualmente, dentro de este tema artístico, en contraposición a la Alta Edad Media, los artistas, ya a fines de la Edad Media, van a poner el acento en la pesada carga que soportó el Hijo de Dios, lo que iconográficamente se plasmará en representaciones de cruces que van a arrastar su parte inferior por el suelo.

Ntro. Padre Jesús con la Cruz al hombro
Hdad. del Valle. Javi Jiménez (JJ)

Ntro. Padre Jesús Nazareno. Hdad. de la O. PA

A partir de la segunda mitad del siglo XVI comienzan a constatarse la presencia de Nazarenos de bulto redondo en la escultura sevillana, siendo a fines de ese periodo cuando comenzarán a aparecer Nazarenos concebidos para ser vestidos, con articulaciones en hombros y codos que permitirán representarlos, también, en la modalidad de Cautivos, tal y como ocurre hoy día en diversos besamanos sevillanos (véase los de Jesús del Gran Poder o Jesús de Pasión entre otros). Paralelamente, a fines de ese siglo nace en la imaginería sevillana la iconografía apócrifa de Jesús en su tercera caída, datándose en ese periodo la ejecución del Stmo. Cristo de las Tres Caídas de Triana, de autoría anónima.

Históricamente, las cofradías consagradas a la devoción a Jesús Nazareno van a comenzar a proliferar desde la segunda mitad del siglo XVI, si bien su mayor auge vendría en los siglos XVII y XVIII. En Sevilla tenemos grandes imágenes que reproducen este pasaje evangélico, que iconográficamente ha sido tratado a lo largo de la historia en una doble vertiente, bien separadamente (Jesús del Gran Poder, Jesús de Pasión, Nazareno de la Divina Misericordia o Jesús de la Salud de Los Gitanos), bien, conjuntamente con otros personajes de la Pasión, reales o creados por la piedad popular, tal es el caso de la Verónica o el Cirineo, introducidos ya en el arte occidental desde la Baja Edad Media y que en la Semana Santa hispalense podemos ver en las hermandades de San Roque o San Isidoro, para el caso del Cirineo, y el Valle para el caso de la Verónica.

Izda.: Ntro. Padre Jesús de la Pasión. Hdad. de Pasión. PA

Dcha.: Ntro. Padre Jesús del Gran Poder.
César Ramírez (CR)

El Abrazo de la Cruz

El modelo iconográfico de Jesús abrazado a la cruz será la representación original empleada por los artistas para representar a Jesús Nazareno, siendo muy recurrente en el arte cristiano a lo largo de los siglos. Buena cuenta de ello serán varios ejemplos que tenemos en la pintura y en la escultura, destacando el fresco *"Abrazo a la Cruz"*, realizado por Giotto en torno a 1306 para la capilla Scrovegni de Padua (Italia).

Santo Cristo de las Fatigas.
Parroquia de la Magdalena.
Antonio Sánchez Carrasco (ASC)

Igualmente, en España uno de los primeros artistas que representarán en la pintura este tipo de iconografía será "El Greco" con su conocido cuadro *"Cristo abrazado a la cruz"*, realizado entre 1597 y 1600, que se exhibe en una de las salas del Museo del Prado de Madrid.

Ntro. Padre Jesús Nazareno. Hdad. del Silencio. PA

Esa iconografía del abrazo de la cruz por el tramo más largo, será las más extendida entre las representaciones de Jesús Nazareno a lo largo del siglo XVI en la imaginería que conocemos, más aún siendo auspiciada desde mitad del citado siglo por el Concilio de Trento (1545-1563). Un modelo que representa a Jesús

Stmo. Cristo de la Corona. Francisco José Pérez (FJP)

pero sobre todo y con casi total seguridad, en la conocida pintura del *Cristo de los Ajusticiados*, realizada por Luis de Vargas, y que después sería sustituida por otra en el siglo XVIII, que se encuentra en una capilla enclavada en las gradas de la Catedral y ante la que encomendaban su alma los condenados por la Inquisición a la pena capital en su procesión desde la Cárcel Real hasta el lugar donde hallaban la muerte.

En Sevilla, dos son las imágenes procesionales que se encuadran dentro de esta descripción iconográfica, el Cristo de la Corona (anónimo, siglo XVI), que se venera en la Parroquia del Sagrario de la Catedral y Ntro. Padre Jesús Nazareno (atribuido a Francisco de Ocampo, 1609), titular de la madre y maestra de las cofradías hispalenses, la Hdad. de El Silencio. A ambas, habría que sumar, con cierta certeza, por la tipología que presenta, la talla de Ntro. Padre Jesús de la Salud (anónimo, siglo XVII), titular de la Hdad. de la Candelaria. Será, definitivamente, el siglo XVII el que encauce la representación de Cristo con la Cruz hacia el modelo iconográfico que actualmente entendemos como más común, aquel en el que Jesús abraza la cruz por el palo más corto.

de Nazaret, erguido y en posición *contrapposto* camino del Calvario, abrazando y al mismo tiempo sujetando la cruz con la mirada perdida en señal de abandono. Los artistas dedicados a la imaginería procesional, establecidos en Sevilla desde ese periodo, pudieron inspirarse en varias obras, entre ellas, las tallas completas de Jesús Camino del Calvario (Jorge Fernández, 1528), que se encuentra en el retablo Mayor de la S. M. I. Catedral hispalense y el Cristo de las Fatigas (Gaspar del Águila, 1587), que se encuentra en la Parroquia de la Magdalena,

Iconografía de los Crucificados

El Crucificado copa la imagen central de la iconografía cristiana, siendo el icono más divulgado de la vida de Jesús. Durante los primeros siglos de la Cristiandad, la crucifixión de Cristo no fue representada al considerarse un tormento denigrante. Sin embargo, en el siglo IV d.C se darán dos hechos que van a cambiar la visión artística que hasta entonces se tenía de la cruz. Por un lado, el emperador Constantino "El Grande" va a promulgar el Edicto de Milán (313 d.C), mediante el que prohibió las crucifixiones, otorgando, además, libertad de culto al Cristianismo, y por otro lado, en el año 326 d.C, su propia madre, Santa Elena va a encontrar la Verdadera Cruz de Cristo, lo que hará que la iconografía cristiana se vuelque en la representación de cruces aisladas. Será ya en el siglo XI cuando se encuentren los primeros ejemplos de Cristo en la Cruz en el arte bizantino y occidental.

En Sevilla, la inclusión de este modelo pasionista tendría sus raíces a partir de la Reconquista Cristiana del siglo XIII, siendo muy difundido por las órdenes mendicantes. Los primeros crucificados comenzarían, desde entonces, a incorporarse en oratorios privados, capillas funerarias y finalmente en las agrupaciones pasionistas que nacieron a partir de la segunda mitad del siglo XVI. El Stmo. Cristo de la Veracruz (anónimo, siglo XVI) es el crucificado más antiguo que hoy conservamos de la Semana Santa de Sevilla, prototipo de la escuela inicial del incipiente naturalismo de principios del siglo XVI. Entre finales del siglo XVI y principios del siglo XVII la escuela sevillana de pintura dejaría uno de los capítulos más significativos en la evolución del crucificado, destacando las composiciones de Francisco Pacheco, Diego Velázquez o Zurbarán. En ese periodo, iconográficamente se van a emplear los modelos de Cristo agonizante o muerto en la cruz. Ya en el siglo XVII los crucificados de Juan de Mesa marcarán el verdadero triunfo de la ideología realista de la muerte, destacando en este sentido el Cristo del Amor (1620) o el Cristo de la Buena Muerte (1620). El taller de otro insigne imaginero de la Sevilla del siglo XVII, Pedro Roldán, aportaría a la iconografía

El Triunfo de la Cruz. Paso de Ntro. Padre Jesús de la Pasión. JJ

Stmo. Cristo del Buen Fin. FJP

Stmo. Cristo del Amor. JJ

del Crucificado un gran sabor barroquista con la espléndidas imágenes del Cristo de las Misericordias (1670) de la Hdad. de Santa Cruz y el Stmo. Cristo de la Exaltación (1687) de la Hdad. de la Exaltación. Sin embargo, el barroquismo en morfologías de los Crucificados llegaría a su máximo exponente con la talla del Stmo. Cristo de la Expiración, popularmente conocido como "El Cachorro" (Antonio Ruiz Gijón, 1682), una de las piezas más extraordinarias de toda la historia de la escultura española. Finalmente, dentro de la imaginería contemporánea habrían de destacarse como grandes imagineros de crucificados a Antonio Illanes, Francisco Buiza, Luís Álvarez Duarte y Juan Manuel Miñarro, entre otros.

Izda: Ntro. Padre
Jesús de la Salud.
Hdad. de San Bernardo. SG

Pág. dcha.: Stmo. Cristo del
Amor. CR

Las Cruces de Cristo

Cruz de la Trinidad. Hdad. de San Gonzalo. ASC

Desde la expansión del culto a la Verdadera Cruz de Cristo en el siglo IV gracias a Santa Elena, madre del emperador Constantino "el Grande", la iconografía cristiana diversificó la manera de presentar la Cruz de Jesucristo. La Semana Santa de Sevilla no es ajena a esa diversidad en los modelos de cruz, pues de hecho son muchas y variadas las cruces de Cristo que quedan representadas en las distintas hermandades y cofradías hispalenses. Predomina por encima de todo la "Cruz Latina" de brazos desiguales, un tipo de cruz que se hace presente en la mayoría de las Cruces de Guía que anteceden los cortejos procesionales y que sobre los pasos procesionales se manifiesta en su doble versión cilíndrica, llamada "arbórea", y lisa, llamada "capitana", siendo esta cruz muy utilizada dentro de las tipología de Cruces de Carey, que se hacen presente en las hermandades de las Penas de San Vicente, el Silencio y La O. Igualmente, la Cruz Latina se presenta en varias hermandades rodeada de un gran sudario, siendo llamada "Cruz Penitencial", un tipo de cruz que ya en el siglo XVI presidía los cor-

Cruz Penitencial. Paso de misterio de la Hdad. de las Cigarreras. ASC

Cruz Latina Paso del Stmo. Cristo de las Almas. Hdad. de los Javieres. ASC

Cruz de Paté. Hdad. de Santa Genoveva. PA

tejos penitenciales de los primitivos vía crucis hacia el Humilladero de la Cruz del Campo y que hoy día podemos ver en los pasos de la Soledad de San Buenaventura, la Mortaja, la alegoría del Triunfo sobre la Muerte y la Soledad de San Lorenzo, y abriendo el cortejo de la Hermandad de Los Negritos.

Partiendo de esa primitiva Cruz Latina, la iconografía cristiana fue adaptando cruces para identificarlas con distintas congregaciones religiosas, tal es el caso de la "Cruz de Paté" en la Orden de la Merced, presente en las hermandades de Jesús Despojado, Santa Genoveva, Museo, Pasión y el Santo Entierro; la "Cruz Trinitaria", presente en la heráldica de las hermandades del Polígono de San Pablo, La Bofetá y la Trinidad; y el techo del paso de María Santísima de la Amargura (Hermandad de La Amargura), en la canastilla del misterio de la Hermandad de la Sagrada Lanzada y en los faldones del paso de palio de la Hermandad de la Macarena. La "Cruz Franciscana" está

Cruz de Santiago. Palio de la Hdad. de los Panaderos. PA

presente en la Hermandad del Buen Fin y la "Cruz Dominica", presente en la Hermandad de Monte-Sión. En otras ocasiones las cruces iban a ser identificativas de distintas órdenes militares, tal será el caso de la Cruz de la Orden de Santiago (hermandades de la Redención y la Carretería), la Cruz de la Orden de San

Cruz de Santiago. Paso de Misterio de los Panaderos. PA

Cruz de la Orden de San Juan. Hdad. de la Amargura. JJ

Por otro lado la identificación de lugares de especial veneración con las cruces van a reproducir distintos modelos de representación, destacando por encima de todo la "Cruz de Jerusalén", formada por cinco cruces y que se hace presente en la Semana Santa de Sevilla en la heráldica de las Hermandades de la Sagrada Cena, los Estudiantes, El Silencio y el Cachorro, portando ésta última un bande-

Cruz Trinitaria. Faldón del paso de palio de la Macarena PA

Juan (hermandades de la Amargura, Penas de San Vicente, San Esteban, Cigarreras, el Valle, Gran Poder, Soledad de San Buenaventura), la Cruz de la Orden de Calatrava o la Cruz de la Orden de Alcántara (dispersadas en diversos enseres de distintas cofradías como San Benito, Macarena, Montserrat, etc.).

Cruz Ancorada. Hdad. de la Esperanza de Triana. ASC

los faldones del palio de la Esperanza Macarena. De otro lado, las propias advocaciones de las imágenes de las hermandades y los titulares de ésta van a provocar la utilización de unas cruces u otras. Así vamos a ver la "Cruz de San Andrés "en la Hermandad de los Panaderos, la "Cruz Ancorada" o "Cruz Ancla" en la heráldica de las hermandades de San Roque, Carmen Doloroso, Sagrada Lanzada y Esperanza de Triana; y la "Cruz Griega" o "Potenzada" en la Hermandad de Santa Cruz. Por último los títulos de las hermandades van a determinar el uso de "Cruces Pontificias" y "Cruces Patriarcales" en distintos enseres.

rín con dicha cruz, que aparece, igualmente, en las canastillas del misterio de La Lanzada y del paso de Cristo del Museo, además de en

Cruz de Jerusalén. Paso de Cristo de la Hdad. del Silencio. PA

Cruz de Jerusalén. Paso de palio de la Hdad. del Silencio. PA

Jesús, el Leño Verde

El Evangelio según San Lucas 23, 27-31, nos dice que Jesús, cargado con la cruz en su camino hacia el Calvario, volviéndose a las mujeres piadosas que le seguían, les dijo: *"Hijas de Jerusalén, no lloréis por mí, llorad más bien por vosotras y por vuestro hijos... porque si así tratan al leño verde, ¿qué pasará con el seco"*.

Jesús hace, metafóricamente, un símil entre las personas justas y las personas injustas que habitan Jerusalén, autodefiniéndose como el "Leño Verde", ese árbol que conservaba su humedad y su sabia verde y que, aún no mereciendo ser quemado, nunca será consumido por las llamas. El "Leño Seco" es el pueblo judío, aquel que espiritualmente se ha secado per-

Retablo del Stmo. Cristo de la Vera Cruz. JJ

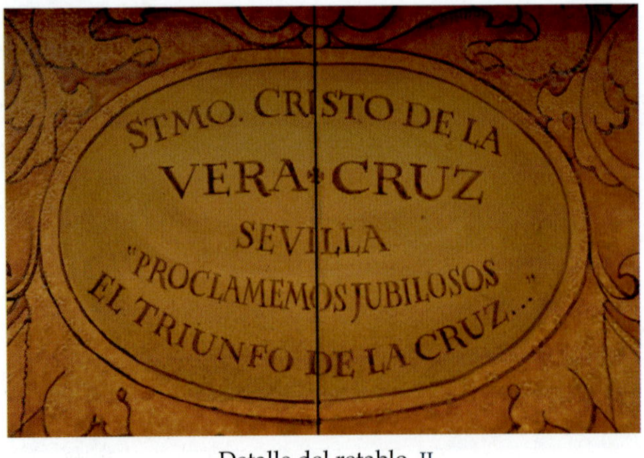

Detalle del retablo. JJ

Pág. dcha: Stmo. Cristo de la Vera Cruz. FJP

Cera verde representativa de la Hdad. de la Vera Cruz. JJ

diendo la fe en Dios. Así, si Dios permite, que su propio Hijo, sufra un destino preparado por la ciudad de Jerusalén, ¿cómo será el destino que sufrirá la propia Jerusalén?. Jesús nos mueve a la oración y a la caridad, porque como bien nos dice, si eso hicieron con él, que era el Hijo Unigénito de Dios y el redentor de

Detalle del Lignum Crucis de la Hdad. de la Vera Cruz. JJ

la humanidad, ¿qué no harán con nosotros que somos pecadores?.

El "Leño Verde" es Cristo, martirizado a pesar de ser inocente. Teológicamente, esta palabras han servido para identificar a Jesús con el nuevo árbol de la vida, ese que representa, por encima de todo, el triunfo de la vida sobre la muerte. Una muerte a la que nos había llevado el pecado original. Con Cristo clavado en ella, la cruz deja de ser signo de tortura para transformarse en signo de reconciliación con Dios. Históricamente, en el culto a la cruz jugarán un papel muy destacado los frailes franciscanos, que serán los principales divulgadores del culto a la Verdadera Cruz de Cristo. Esa Veracruz que Santa Elena, madre de Constantino "el Grande" encontró en Jerusalén tras derrumbar el Templo de Venus que se levantaba sobre el Monte Gólgota en el año 326 d.C. Los Lignum Crucis o reliquias de la Cruz pronto

Representaciones de Hermandades de la Vera Cruz. FJP

se extendieron por todo el mundo. Conviene apuntar que serían las hermandades de la Veracruz las pioneras en expandir el culto a la Vera Cruz de Cristo, asociándose, iconográficamente, el color de estas hermandades, en muchas ocasiones, al verde, pues para hacer referencia a la cruz, como ya se ha apuntado, el propio Jesús, simbólicamente, se calificaba así mismo como el "Leño Verde".

En Sevilla, cada Lunes Santo vemos como la cera que emplea la Hermandad de la Vera Cruz es de color verde, como verde, en su mayoría, son los colores de las túnicas de las representaciones de la Confraternidad de la Veracruz que siguen al cruficicado gótico (anónimo, siglo XVI) y como verde es el color de la esperanza en el cielo prometido, que Jesús nos da a comer por medio de la savia de su cruz. El Miércoles Santo tenemos en el palio de Ntra. Sra. de la Cabeza (Hdad. de las

El leño verde incombustible en una cartela del paso de palio de la Hdad. de las Siete Palabras. JJ

Siete Palabras), varias cartelas alusivas a Jesús como el leño verde incombustible, cuyo encuentro con las mujeres de Jerusalén se refleja, iconográficamente, en el segundo misterio de la Hermandad del Valle.

Las Cinco Llagas de Cristo

Artísticamente, cuando la figura de Cristo sufrió un proceso de humanización, la veneración a las Cinco Llagas se convirtió en uno de los cultos pasionistas más divulgados en el Cristianismo. Los padecimientos de la Pasión de Cristo sembraron su cuerpo de innumerables huellas, si bien, especialmente sangrantes se han considerado las resultantes de su crucifixión, ésto es, las dos de las muñecas, las dos de los pies y la del costado. A consecuencia de ello surgiría un culto pasionista en torno a estas Cinco Llagas muy difundido entre la religiosidad popular.

Iconográficamente, esta representación artística, de amplio sentido narrativo y espiritual, hunde sus orígenes en la Edad Media, donde los padecimientos y los rigores de la vida, motivados por guerras, epidemias y hambrunas, llevaron a los cristianos a acogerse a la imagen de un Jesús sufriente en la cruz, como símbolo redentor para alcanzar la salvación. Ya desde los siglos XII, XIII y XIV, algunos santos como San Bernardo, San Francisco, Santa Catalina de Siena o Santa Brígida de Suecia, y algunas órdenes militares como los Caballeros del Santo Sepulcro, otorgaron un notable impulso a la devoción a la Pasión de Jesucristo, y muy particularmente a las llagas de su costados, pies y manos.

Escudo de la Hdad. de la Trinidad. JJ

La inclusión de esta devoción pasionista a las Cinco Llagas de Cristo se introduce a orillas del Guadalquivir en los años que siguen a la Reconquista Cristiana del siglo XIII, siendo definitiva para su arraigo en la piedad popular, la incorporación del culto al Vía Crucis en el siglo XIV. Ya desde el siglo XV el culto a las Cinco Llagas se va a acrecentar, muy especialmente durante el reinado de los Reyes Católicos, al igual que ocurre en el siglo XVI, donde tras el Concilio de Trento alcanzará un amplio desarrollo, gracias a las influencias que en su

Escudo de la Hdad. de la Vera Cruz. FJP

devoción tendrán Santa Teresa de Jesús, San Juan de la Cruz, San Juan de Ávila o San Ignacio de Loyola. El culto a las Cinco Llagas, acrecentado en el siglo XVIII, sería incrementado aún más por la Santa Sede en el siglo XIX al incorporar en el año 1823 un Rosario de las Cinco Llagas a la liturgia. En la Semana Santa de Sevilla, el culto a las Cinco Llagas queda representado en el segundo paso de misterio de la Hermandad de la Trinidad. Un paso de misterio que, históricamente, ha ido sufriendo modificaciones hasta llegar al que hoy conocemos, donde la autoría de las imágenes es compartida entre varios artistas de distintos periodos: Stmo. Cristo de las Cinco Llagas (Luís Álvarez Duarte, 2002), Virgen de la Concepción (Antonio Bidón Villar, 1956), San Juan (anónimo, siglo XVIII), María Magdalena (anónima, siglo XIX), Nicodemo (Antonio Dubé de Luque, 1998) y tres Marías y José de Arimatea (Rafael Flichi y Ángel Rodríguez Magaña, 1919-1924). Igualmente, la iconografía de las Cinco Llagas aparece en los escudos de las hermandades de la Trinidad y Vera Cruz.

Stmo. Cristo de las Cinco Llagas. Hdad. de la Trinidad PA

Iconografía de los Pasos de Misterio

En el argot popular es denominado Paso de Misterio al paso procesional que porta una escena de la Pasión de Cristo, inspirada en los Evangelios. Es probable que fuera Pedro Roldán el escultor que iniciara los pasos de Misterios en el seno de la Semana Santa sevillana tal como actualmente lo concebimos, al mismo tiempo que lo habría hecho Juan de Juni o Gregorio Fernández en la escuela castellana. Hacia 1659, Pedro Roldán tallaría una de las obras más significativas de la Semana Santa de Sevilla, el Misterio de la Quinta Angustia, inspirado a su vez en los grabados flamencos e italianos que el genial escultor conocería. Con la colaboración de su propia hija, la Roldana, realizaría otros de los grandes Misterios sevillanos, el paso de Misterio de la Hermandad de la Exaltación. Igualmente, la Roldana nos dejaría a su vez el grupo escultórico de la Hermandad de la Sagrada Mortaja, un tema iconográfico que hunde sus raíces en la propia Edad Media, y al que dotaría de una fuerza expresiva excepcional.

Paso de misterio de los Panaderos. JJ

Por su parte, la Hermandad de la Carretería cuenta con una de las composiciones más logradas en la línea barroquista del efecticismo escenográfico, incluyéndose en la misma línea el paso de Misterio de la Hermandad de Montserrat. Una imagen decimonónica la constituyen los pasos de Misterios de la Hermandad del Valle, que hoy día siguen manteniendo el sabor romántico, siguiendo el modelo iconográfico de origen medieval, muy extendido en época barroca. La llegada del siglo XX

Paso de Cristo de la Hdad. de San Esteban. PA

Paso de misterio de la Hdad. de Santa Marta. PA

supondría un cambio sustancial en el ámbito de la Semana Santa de Sevilla, dotando de un nuevo tratamiento narrativo a los pasos, muy especialmente los Misterios. Quizás una de las escenas más clásicas de la Semana Santa sevillana sigue siendo la realizada por Cayetano González en 1937-1938 para la Hermandad de la Amargura, que abriría sin duda una nueva concepción del paso de Misterio en la Semana Santa de Sevilla.

Sin embargo el gran renovador de la configuración de los pasos de Misterios en el siglo XX sería Antonio Castillo Lastrucci, sin duda el gran escenógrafo de la Semana Santa de Sevilla, considerado el introductor del movimiento en los pasos procesionales. Todo un director teatral que asignará papeles principales a las hasta entonces, desapercibidas imágenes secundarias. Dentro de su prolífica obra cabría citar los misterios de La Bofetá, San Benito, la Sentencia, San Esteban, la Estrella, Tres Caídas de Triana, los Panaderos, Beso de Judas, Monte-Sión y San Gonzalo. Y junto a este prolífico imaginero, Antonio Illanes y Luis Ortega Bru serán los grandes creadores de los misterios contemporáneos, destacando en este sentido los pasos de La Lanzada (Antonio Illanes) y el del Traslado al Sepulcro de la Hermandad de Santa Marta (Ortega Bru).

Juan de Mata y San Pedro Nolasco: la Redención de los Cautivos

El modelo iconográfico que representa a Jesús Cautivo es fundamental para la iconografía cristiana desde los años de la Edad Moderna. Primeramente, hay que apuntar que dicha representación hunde sus orígenes en el pasaje evangélico en el que Jesús es presentado por Pilatos al pueblo, lo que iconográficamente se da en llamar Ecce Homo, representándose a Jesús con las manos atadas y coronado de espinas. El elemento que permite la transición del Ecce Homo al Cautivo que conocemos, será la manera de presentar a Jesús vestido.

Ángel redimido de su cautiverio. Paso de misterio de la Hdad. del Polígono de San Pablo. ASC

Ntro. Padre Jesús Cautivo y Rescatado. Hdad. del Polígono de San Pablo. PA

Hay que puntualizar que uno de los elementos que definen la iconografía de Jesús Cautivo será la utilización sobre el pecho de un escapulario mercedario, en menor medida, o trinitario, pues tanto la Orden Mercedaria, fundada por San Pedro Nolasco, como, sobre todo, la Orden Trinitaria, fundada por Juan

Ntro. Padre Jesús Cautivo.
Hdad. de Santa Genoveva. PA

de Mata, estaban destinadas por medio de la misericordia a la redención de los cautivos y presos. Así, históricamente, los trinitarios colocaban un escapulario con el escudo de su congregación sobre el pecho del preso que era rescatado de los musulmanes. De hecho, el precedente de este culto devocional a Jesús

Llamador del paso de misterio de la Hdad.
del Dulce Nombre (La Bofetá). JJ

Cautivo hay que rastrearlo en el siglo XVII. Corría el año 1614 cuando tras conquistar las tropas españolas la fortaleza de Mehdía (Marruecos), se contruyó un recinto, fuertemente, fortificado con el nombre de San Felipe, en cuya nueva iglesia, levantada sobre la antigua mezquita, quedó entronizada una imagen de Jesús Nazareno en torno a 1665. Ya en 1681, las tropas españolas sucumbirían al asedio musulmán, lo que supuso como gesto de agravio a la religión cristiana, que el rey de Fez, Mulay Ismail, ordenase que la imagen fuese arrastrada por la calles. Una profanación de la que fue testigo el fraile trinitario Pedro de los Ángeles, que en el intrépido gesto de solicitar audiencia al rey de Fez, le pidió el rescate de la venerada talla, lo que consiguió previo pago de una buena suma de dinero. Dicha talla, tras pasar por Mequinez, Tetuán, Ceuta, Gibraltar y Sevilla, acabaría entronizándose en el Convento de los Trinitarios Descalzos de Madrid el 21 de agosto de 1682, siendo los Duques de Medinaceli,

Llamador del paso de Cristo de la Hdad. de Santa Genoveva. PA

quienes sufragando los gastos de una capilla propia, auspiciaron esa devoción por un Nazareno al que ya sin cruz, se le maniataron las manos, configurándose así la iconografía del Jesús de Medinaceli que llega hasta nuestros días. Una devoción que alcanzaría rápido auge y que se extendería a otros lugares de España, llegando a Sevilla gracias a la labor de los frailes trinitarios, que entronizaron un Jesús Cautivo y Rescatado (anónimo, siglo XVIII) en la desaparecida Iglesia de Nuestra Señora de Gracia, junto a la plaza del Cristo de Burgos, imagen que tras pasar por la Iglesia de San Hermenegildo, acabaría ubicándose, definitivamente, en la Parroquia de San Ildefonso desde 1909. Durante el siglo XX se acrecentó tanto la devoción al Cautivo de San Ildefonso, como la piedad popular acabaría conociéndole, que cada viernes de Cuaresma, antiguas y multitudinarias colas de tradición aguardan para besar las benditas manos de una imagen de Jesús, que conserva en sus ataduras el recuerdo indeleble del Cristo de Medinaceli y la Orden de los Trinitarios Descalzos.

Gloria del palio de Ntra. Sra. de las Mercedes.
Hdad. de Santa Genoveva. PA

En la Semana Santa de Sevilla, el recuerdo de la Orden Mercedaria se hace presente en la heráldica de las hermandades de Jesús Despojado, Santa Genoveva, el Museo, Pasión y Santo Entierro. Tanto Santa Genoveva como Pasión tienen entre sus titulares a Nuestra Señora de las Mercedes y Nuestra Señora de la Merced. Iconográficamente la aparición de la Virgen de la Merced a San Pedro Nolasco queda plasmada en la gloria del palio de Nuestra Señora de las Mercedes (Santa Genoveva) y en uno de los basamentos de los varales de Nuestra Señora de las Lágrimas (Hermandad de la Exaltación). Como escultura decorativa, la Virgen de la Merced aparece, entre otros lugares, en la canastilla del paso de Ntro. Padre Jesús de la Pasión y en los respiraderos de Ntra. Sra.

Virgen de la Merced en el paso de Cristo de Pasión. JJ

de la Esperanza (Hdad. de la Trinidad). Por su parte, el recuerdo de la Orden Trinitaria se hace presente en la Hermandad de la Trinidad. Asimismo, la iconografía de Jesús Cautivo y la Cruz de la Trinidad se hacen presente en distintas hermandades: Ntro. Padre Jesús Cautivo de la Hdad. de los Dolores de Torreblanca (Jesús Méndez Lastrucci, 1992), Ntro. Padre Jesús Cautivo y Rescatado de la Hdad. del Polígono de San Pablo (Luis Álvarez Duarte, 1992), Ntro. Padre Jesús del Soberano Poder ante Caifás de la Hdad. de San Gonzalo (Luís Ortega Bru, 1975) y Ntro. Padre Jesús ante Anás de la Hdad. de La Bofetá (Antonio Castillo Lastrucci (1923).

Cabe señalar, por último, que la articulación que las imágenes de Jesús con la cruz a cuestas van a presentar en hombros y codos

Virgen de la Merced. Palio de la Hdad. de la Trinidad. ASC

desde el siglo XVII, en muchas ocasiones va a permitir que la iconografía de Nazareno sea cambiada, efímeramente, por la de Cautivo para permitir que los fieles besen las manos del Hijo de Dios en distintos besamanos, ejemplos que podemos ver en los besamanos de Jesús de la Pasión o Jesús del Gran Poder entre otros.

Los Atributos de la Pasión

Los atributos de la Pasión han sido, históricamente, muy recurrentes dentro de la iconografía cristiana para identificar las huellas del sufrimiento de Jesús y para fijar, catequéticamente, las diversas escenas de la Pasión. Así, usualmente, los atributos de la Pasión se identifican con los siguientes elementos materiales: las Treinta monedas de plata que sirvieron a Judas para traicionar al Señor, la Espada y Antorchas con la que fueron a prenderlo en el Huerto de los Olivos, el Gallo, cuyo canto, profetizado, anunció la tercera negación de Pedro, la Mano con la que Malco abofeteó su cara, la Columna y el Látigo con el que fue azotado, la Corona de Espinas trenzada sobre su cabeza, el Manto o Clámide con la que fue burlado, la Santa Cruz que portó hasta el Monte Calvario, la Santa Faz que quedó impresa en el paño de la Verónica, el Martillo, los Clavos y las Tenazas empleadas para asirlo al madero, la tablilla con el título INRI –*Iesous Nazarenus Rex Iudeorum*–, empleada a modo de mofa, la Esponja con la que le dieron de beber vinagre, la Lanza con la que Longinos le traspasó el costado, los Dados con los que los soldados romanos echaron sus Sagradas Vestiduras a suerte, la Escalera utilizada para descenderlo de la cruz, el Cáliz que recogió la sangre de sus

Cruz de Guía. Hdad. del Gran Poder. FJP

Atributos de la Pasión. Paso de palio de la Hdad. de las Cigarreras. JJ

Atributos de la Pasión en el paso de palio de Ntra. Sra. de los Ángeles. Hdad. de Los Negritos. PA

heridas y que simbólicamente se identifica con el de la Última Cena, la Vasija con mirra que empleó José de Arimatea para ungirlo, la Sábana Santa utilizada para envolver su cuerpo y el Santo Sudario empleado para cubrir su rostro. Pese a ser en su inmensa mayoría instrumentos de tortura, los atributos de la Pasión han gozado a lo largo de la historia de especial veneración, siendo considerados auténticas reliquias que han ocupado un lugar prominente en la espiritualidad cristiana y en el arte. El interés por las reliquias aumentaría desde que en el siglo IV, el emperador Constantino "el Grande" abrazara la religión cristiana y abriera a la peregrinación, los lugares donde Jesús vivió y murió. Jerusalén, Roma y Constantinopla, rápidamente, se convertirían en enormes centros de devoción a las reliquias de la Pasión.

Atributos de la Pasión en la cofradía del Santo Entierro. SG

En la Semana Santa de Sevilla, la Hermandad del Valle tiene entre sus titulares una reliquia de la Santa Espina, que procesiona en andas cada Jueves Santo. Igualmente, los atributos de la Pasión de Cristo, bien recreados en talla, orfebrería o bordados, se encuentran dispersos por los distintos pasos procesionales, ya sean respiraderos, canastillas, candelerías, varales, etc.., siendo en muchos casos portados por ángeles pasionistas. En bastantes ocasiones, esos elementos van a destacarse en los distintos enseres, sobresaliendo por su riqueza iconográfica, las cruces de guía de las hermandades de la Exaltación y del Gran Poder. Igualmente, en el ceremonial cortejo procesional del Santo Entierro, cargado de elementos simbólicos, los atributos de la Pasión son portados por niños monaguillos tras al paso de la Urna del Cristo Yacente (atribuido a Juan de Mesa, (siglo XVII).

Ángeles pasionistas. Paso de palio de la Hdad. del Buen Fin. FJP

Ángel pasionista. Paso de Cristo de la Hdad. de los Javieres. FJP

Ángel pasionista. Paso de Cristo de la Hdad. de las Penas de San Vicente. FJP

Ángel pasionista. Paso de la Piedad. Hdad. de los Servitas. PA

2

Iconografía Mariana

Iconografía de la Dolorosa

Las primeras representaciones de María, especialmente, como Madre de Cristo y Madre de la Iglesia, fueron configurándose en el ámbito oriental del mundo cristiano, de manera particular en los monasterios ortodoxos. La más popular sería la *Theotokos*, término que encierra una simbología: "*La que dio luz a Dios*". Desde entonces serían divulgados los iconos bizantinos de aspecto hierático, en los que María queda representada como verdadero trono divino. Dicho modelo de imágenes se divulgarían en el occidente medieval por medio de los artes románico y gótico.

A partir de los siglo XII, XIII y XIV se extendería por Europa la iconografía de la Virgen sentada, sin embargo con la irrupción del culto pasionista de María en su dolor, en claro paralelismo al de su hijo, se comenzaría a plasmar y a divulgar la imagen de María doliente, lo que daría lugar a que se acuñara el término Dolorosa. La Dolorosa como tal va a proceder de los Calvarios medievales y de la Piedad popular, aislando la imagen y añadiéndole atributos dolorosos como un puñal atravesándole el pecho y un pañuelo. Este modelo de representación que hunde sus orígenes en los pequeños grupos escultóricos franco-germánicos, flamencos e italianos, ya estaba perfectamente definido en la Sevilla del siglo XVI,

Mª Stma. de la Estrella. PA

alcanzando su mayor divulgación a partir del Barroco, donde irrumpe con fuerza el culto a la *Mater Dolorosa* o Virgen Dolorosa, que se extendería, rápidamente, con la profusa ejecución de imágenes de la Virgen en madera, donde quedarían talladas, exclusivamente, la cabeza y manos y que serían vestidas a modo

Pañuelo de Mª Stma. de los Dolores.
Hdad. de las Penas de San Vicente. PA

Pañuelo de Ntra. Sra. de la Esperanza Macarena. JJ

de viudas o reinas y ornamentadas con coronas, puñales o mantos.

En este sentido, parece que sería Gaspar de Becerra el primer artista en la Corte Española que diseñara el atuendo o modelo iconográfico que llega hasta nuestros días, algo que realizó a instancias de la reina Isabel de Valois, tercera esposa de Felipe II. Gaspar de Becerra pintaría a la Virgen de la Soledad o Virgen de las Angustias como si se tratase de la Reina de España. Sin embargo, no cabe duda de que algunos pintores de la escuela andaluza del barroco,

especialmente Bartolomé Esteban Murillo, dotaría a esas imágenes de la simbología mariana necesaria, corriente a la que rápidamente se unieron las escuelas montañesina y roldanesca. A partir del siglo XVIII, dado los gustos naturalistas, las imágenes se van a enriquecer mediante la utilización de cabellos naturales y ojos y lágrimas de cristal. Ya en el siglo XIX se verá una evolución de la indumentaria, empleándose ricas telas y bordados para mantos y sayas. Hoy día, una lista amplia de Dolorosas llenan la Semana Santa, manteniendo en su conjunto una simbología mariana corredentora, popularizada en advocaciones como la Amargura, Valle, Esperanza o Dolores, entre otras.

A la izda. Ntra. Sra. de la Esperanza Macarena. SG

Pág. dcha. Mª Stma. de la Amargura. CR

César Ramírez 2017

El poder universal de María: el Apocalipsis de San Juan

Iconología e iconografía van siempre de la mano para presentarnos la Semana Santa de Sevilla desde un prima ciertamente catequizador, en ese anhelo evangélico que mueve a las hermandades y cofradías hispalenses desde fines del siglo XVI. De hecho, toda representación que vemos durante la semana mayor hispalense tiene un enorme sustento bíblico. Así, en el último libro de las Sagradas Escrituras, el Libro de las Revelaciones, conocido, también, como el Apocalipsis de San Juan, se traza en cierto modo el modelo iconográfico con el que vamos a ver representada a la Virgen María.

En el capítulo 12 del Libro de las Revelaciones se describe una impresionante visión

Coronada de estrellas. Mª Stma. del Refugio. Hdad. de San Bernardo. PA

Con la luna bajo los pies. Paso de palio de la Hdad. del Silencio. ASC

que dice lo siguiente: "*Un gran signo apareció en el cielo: una mujer vestida de sol, con la luna bajo sus pies y una corona de doce estrellas sobre su cabeza...*". Para ahondar en el significado de esta imagen debemos apuntar que la mujer representa al mismo tiempo a la Virgen María y a la Iglesia. Una mujer que aparece "vestida de sol", es decir, llena de gracia y revestida de Dios, lo que iconográficamente se va a plasmar en cuadros y esculturas por medio de ráfagas o bordados en los mantos, que a modo de rayos de luz van a ser empleados por los artistas para representar el poder universal de María. El ideal iconográfico de la Virgen rodeada de rayos de sol en la semana mayor hispalense, lo podemos ver en la imagen

Vestida de Sol. Simpecado de la Hdad. de los Negritos. FJP

Detalles del techo del palio de la Hdad. de la Amargura. ASC

de Nuestra Señora del Sol, que formando parte de la Sacra Conversación con María Magdalena y San Juan, procesiona bajo palio cada Sábado Santo desde el barrio del Juncal. Sin embargo, ese modelo se va a acentuar más en las imágenes gloriosas, siendo habitual verlos en las tallas de María durante cualquier procesión de las llamadas de Gloria, véase por ejemplo los casos de la Virgen del Rosario de la Hermandad de la Macarena, la Divina Enfermera, la Virgen de la Alegría o la Virgen de la Salud, cuyos atuendos aparecen timbrados por ráfagas doradas o plateadas a modo de luz. De otro lado, el Libro de las Revelaciones o Apocalipsis de San Juan presenta a la mujer con una luna a los pies, lo que nos viene a decir que la luz que Jesús trae al mundo, a la que está asociada su bendita Madre y que nos deja a través de su Iglesia, es una luz permanente, que resplandece noche y día, venciendo toda sombra de oscuridad. El triunfo del día sobre la noche, se asocia al triunfo de la luz sobre la oscuridad y por extensión al triunfo del bien sobre el mal. Por último las doce estrellas por las que aparece coronada la mujer, alude a las doce tribus de Israel y a los doce apóstoles, primeros transmisores del Evangelio.

Cabe incidicir, que esta descripción, fuente de inspiración para el atuendo de las dolorosas de la Semana Santa de Sevilla, también fue apuntada en el Cantar de los Cantares, cuando el coro se dirige al esposo para hablar de la esposa de la siguiente manera: *¿Quién es ésta que se levanta como la aurora, hermosa cual la luna, resplandeciente como el sol, terrible como escuadrones ordenados?* (Cant 6,10). En definitiva la visión de la mujer como luz del mundo, coronada de estrellas y con la luna a los pies nos habla del poder universal de la Virgen como Madre de Dios, corredentora y mediadora de todas las gracias. Leyendas alusivas a dicho poder la encontramos en el techo de palio de María Santísima de la Amargura (Hermandad de La Amargura), donde puede leerse "*Electa ut sol*" (Elegida como el sol) y "*Pulchra ut luna*" (Pulcra como la luna).

Los Misterios Dolorosos del Santo Rosario

1er Misterio: La Oración en el Huerto. Hdad. de Monte-Sión. ASC

Una de las mayores devociones de los cristianos es el rezo del Santo Rosario. Unas oraciones que hunden su orígenes en el siglo IX y que acabararían popularizándose desde el siglo XIII. El Santo Rosario se vale de diversos episodios de la vida de Jesús y de su bendita Madre, la Virgen María, quince en total, para acercarnos al inmenso poder de Dios. Tras los "Misterios Gozosos", que se centran en el anuncio y la infancia de Jesús, y los "Misterios Luminosos", que centran la meditación en la vida pública de Cristo, los "Misterios Dolorosos" son una inmejorable fuente de meditación de los más trascendentes episodios de la Pasión, pasajes éstos que se estructuran en cinco: la Agonía en el Huerto (*Agonia in Hortu*), la Flagelación (*Flagellatio*), la Coronación de Espinas (*Coronatio Spinis*), Jesús con la cruz a cuestas camino del Calvario (*Baiulatio Crucis*) y la Crucifixión y Muerte de Jesucristo (*Crucifixio et mors*).

Históricamente, sería Sevilla el epicentro del surgimiento de los rosarios callejeros o públicos. Desde 1690, este culto externo va a estar muy presente en la ciudad, extendiéndose desde Sevilla hacia toda España. Esos cortejos estaban precedidos por una cruz y presididos por una insignia en honor de la Virgen María, conocida como "Simpecao", de ahí la inclusión de dicho enser en los cortejos penitenciales

2º Misterio: La Flagelación. Hdad. de las Cigarreras. FJP

que desde la Edad Moderna han llegado hasta nuestros días. Por tanto, podemos decir que la Semana Santa de Sevilla no escapa a tan piadoso ejercicio devocional y por medio de las distintas representaciones escenográficas de los diferentes pasos de misterios y "pasos de Cristo", nos empuja a meditar sobre los Misterios Dolorosos. Así el primer misterio, "La Agonía en el Huerto", recogido en Mateo 26,36-50; Marcos 14,32-46; Lucas 22,39-48 y Juan 18,1-8, se hace presente en el paso de misterio de la Hermandad de Monte-Sión. El segundo misterio "La Flagelación", recogido en Mateo 27,26; Marcos 15,15 y Juan 19,1, lo vemos representado en el paso de misterio de la Hermandad de las Cigarreras. El tercero de los dolorosos misterios, "La Coronación de Espinas", recogido en Mateo 27,27-30; Marcos 15,16-20; Juan 18.7 y Juan 19,2-15, queda, iconográficamente, plasmado en el primero de los misterios de la Hermandad del Valle. Por su parte el cuarto misterio "Jesús con la cruz a cuestas camino del Calvario", recogido en Mateo 27,31-33; Marcos 15,20-22; Lucas 23,26-32 y Juan 19,16-17, ha sido representado por los imagineros de manera muy numerosa, recogiéndose esa iconografía en varios pasos procesionales, tales son los casos de las hermandades de la Paz, San Roque, Penas de San Vicente, Candelaria, el primer paso de las Siete Palabras, el segundo paso de El Valle, Pasión, Silencio, Gran Poder, Esperanza de Triana, la O y San Isidoro. Finalmente, el quinto y último misterios, la "Crucifixión y Muerte de Jesucristo", recogido en Mateo 27, 34-61; Marcos 15, 23-47; Lucas 23, 33-56 y Juan 19,18-42, lo vemos representado en cualquiera de los crucificados de la Semana Santa de Sevilla.

3er Misterio: La Coronación de Espinas. Hdad. del Valle. ASC

4º Misterio: Jesús con la cruz a cuestas camino del Calvario.
Hdad. del Gran Poder. SG

5º Misterio: Crucifixión y muerte de Jesucristo.
Hdad. de San Bernardo. SG

El Domingo de la Rosa: la leyenda de la Rosa de Pasión

Son muchos los elementos empleados por vestidores y camareras para el atuendo de las dolorosas de la Semana Santa de Sevilla, sin embargo, entre los tradicionales pañuelos, puñales o rosarios, en diversas ocasiones vamos a ver a algunas dolorosas portando, en una de sus manos, una rosa realizada generalmente en orfebrería, estamos hablando de la conocida como Rosa de Pasión.

Una Rosa de Pasión también llamada "Rosa Mística", que durante la semana mayor hispalense vemos, iconográficamente, en imágenes como la Virgen del Subterráneo de la Hermandad de la Cena, la Virgen del Socorro de la Hermandad del Amor, la Virgen de Guadalupe de la Hermandad de las Aguas, la Virgen de la Concepción de la Hermandad de la Sed, la Virgen del Valle y la O, de las hermandades del mismo nombre o la Virgen de la Aurora de la Hermandad de la Resurrección, por poner algunos ejemplos. Una Rosa de Pasión o Rosa Mística que embellece la impronta de la tallas para su salida procesional y que tiene una doble procedencia, por un lado litúrgica y por otro lado atribuible a la leyenda propia de la piedad popular.

Rosa de Pasión en la mano de Ntra. Sra. de Gracia y Amparo. Hdad. de los Javieres. PA

Rosa de Pasión en la mano de la Ntra. Sra. del Valle. ASC

Así a los cuatro colores -morado, rojo, verde y blanco-, utilizados para los distintos tiempos y celebraciones litúrgicas, se viene a sumar el color rosa durante la celebración del Domingo Gaudete, el tercer domingo de Adviento; y lo que más nos interesa, el Domingo Laetare, el cuarto domingo de Cuaresma. Un color rosa que simboliza la alegría de la proximidad del tiempo de la Navidad que sigue al Adviento por un lado, y por otro, la alegría por la proximidad de la Pascua de Resurrección que llega tras la etapa penitencial de Cuaresma. De esta manera, en la liturgia tracidional, el Domingo Laetare va a ser conocido como *Domingo de la Rosa*, no solo por prevalecer en la litugia dicho color, sino porque en el desarrollo de las celebraciones de ese día, el celebrante, tradicionalmente, elevaba una rosa en señal de júbilo y regocijo por la proximidad del triunfo del plan salvador de Dios, consumado a través de la Pasión de su Hijo. De ahí, que los imagineros aportaran a la iconografía mariana dolorosa, una rosa para expresar la alegre esperanza de la Virgen entre tanto sufrimiento y dolor. De otro lado, la piedad popular andaluza atribuye la Rosa Mística a la mismísima literatura, aludiéndose, explícitamente, a la leyenda número 13 de Gustavo Adolfo Bécquer, publicada en 1862 y titulada "Rosa de Pasión". La descripción que hace el insigne autor de la forma de esa rosa, nos hace ver algunos atributos de la Pasión en ella. Así, en sus círculos de filamentos se vería una corona de espinas, en sus estambres, los martillos, y en sus pistilos, los clavos de Cristo. Finalmente, hay que incidir en que los Padres de la Iglesia van a asociar a la Virgen María con la Rosa, por ser la flor predilecta, la más perfumada de virtudes y por conformar el Rosario su corona.

La Sacra Conversación

Uno de los temas iconográficos más recurrentes empleados a lo largo de la historia de la imaginería sacra, ha sido sin duda la representación de la Sacra Conversación entre la Santísima Virgen María y el discípulo amado, San Juan Evangelista. Un tipo de representación que no tiene sustento en los Santos Evangelios, pues ninguno de los cuatro evangelistas, Mateos, Marcos, Lucas y Juan, hacen alusión en ningún momento a que la Madre de Dios recorriera la Vía Sacra tras su hijo, acompañada por San Juan.

Para explicar, iconográficamente, esta representación, hemos de acudir a los Evangelios Apócrifos, concretamente a las llamadas "Actas de Pilatos", una serie de escritos en latín que trazan con más detalles los aspectos generales de la subida al Calvario, donde se interpreta que la Virgen María a lo largo de ese trayecto iría acompañada por el discípulo amado. Es por ello que el arte pictórico y escultórico no ha escapado a este tipo de representación, donde María, en clara disposición itinerante, camina tras los pasos de Jesús, al amparo de las palabras consoladoras de un San Juan, que a su vez le va marcando el camino a seguir.

Este modelo iconográfico lo encontramos asentado ya en Sevilla a fines del siglo XVI, pues en el Libro de Reglas de la Hermandad del Gran Poder, aprobadas en 1570, se señala la salida procesional de la Virgen acompañada del apóstol (*"Desmayada en los brazos de San Juan"*). Dicha representación, actualmente, podemos contemplarla durante la Semana Santa de Sevilla en las hermandades de Jesús Despojado, la Amargura, los Javieres, el Dulce Nombre, Pasión, el Silencio, el Gran Poder y el Sol, siendo

Mª Stma. de Gracia y Amparo. Hdad. de los Javieres. FJP

La Sacra Conversación. Hdad. del Sol. PA

ésta última, la que más llama la atención, por aparecer en el grupo escultórico, una tercera figura, María Magdalena.

La expresiva charla escenográfica que vemos representada a modo de trilogía en el palio de la Hermandad del Sol cada Sábado Santo, es única y genuina en la actual Semana Santa. Si bien, hemos de incidir en que esta composición formada por las imágenes de la Virgen María (Ntra. Sra. del Sol, San Juan Evangelista y María Magdalena), tuvo su precedente en la Semana Santa de Sevilla, en los años iniciales del siglo XIX, cuando fue adoptada por las hermandades de la Exaltación, el Valle, el Calvario, la Esperanza de Triana y San Isidoro, desapareciendo ya desde finales del siglo XIX, siendo el último reducto de esa triple representación, el palio del Valle, que lo suprimió en el año 1904. Podemos decir, por tanto, que la Hermandad del Sol ha recuperado para la Semana Santa hispalense una temática religiosa muy habitual desde el Renacimiento.

Stabat Mater Dolorosa Iuxta Crucem

El Stabat Mater es la representación de María al pie de la cruz pidiendo piedad para su angustia. Un tipo de modelo escenográfico que nace a partir del "Aleluya Gregoriano", un himno basado en una secuencia de la Pasión, atribuido al pontífice Inocencio III y al franciscano Jacopone da Todi en el siglo XIII. Comienza con las palabras "Stabat Mater Dolorosa iuxta crucem", que se traduce como "*estaba la Madre dolorosa junto a la cruz*" y medita sobre los sufrimientos de la Virgen durante la crucifixión y muerte de Jesús.

Iuxta Crucem Lacrimosa. Paso de palio de la Hdad. de los Servitas. ASC

Stabat Mater en la Hdad. del Museo. JJ

Iconográficamente, el arte escultórico acepta dos formas de presentar el Stabat Mater. De un lado con la Virgen al pie de la cruz, mientras su bendito hijo está asido a ella, con la manos juntas en señal de adoración a la víctima pascual. Un tipo de representación muy recurrente a lo largo de la historia de la Semana Santa de Sevilla, sobre todo ente las hermandades que pretendían incluir entre sus titulares a una imagen de la Virgen María, y no disponían de fondos económicos para aislarla en un paso de palio. Así, Cristo y Virgen iban a formar parte

Stabat Mater del paso de Cristo de la Hdad. de Santa Cruz. FJP

de un mismo paso. Ejemplos de ellos los tenemos en siglos pasados en la Hdad. del Museo, donde la Virgen de las Aguas (Cristóbal Ramos, 1772) procesionaría a los pies del Stmo. Cristo de la Expiración (Marcos Cabrera, 1575) entre 1772 y 1922 y en la Hdad. de los Javieres, donde la Virgen de Gracia y Amparo (José Manuel Rodríguez Fernández Andés, 1936) procesionaría al pie del Stmo. Cristo de las Almas (José Luís Pires Azcárraga, 1947) entre 1969 y 1979. Ambas corporaciones penitenciales, acabarían eliminando dicha representación, reubicando a sus dolorosas en un paso de palio, el Museo desde 1923 y Los Javieres desde 1980. Hoy día, el Stabat Mater podemos observarlo en plenitud en el paso de misterio de la Hdad. de Santa Cruz. Se trata del Stabt Mater más conocido de todos, hundiendo sus orígenes en 1904. La Virgen de los Dolores (Emilio Pizarro Cruz, 1904) procesionaría ininterrumpidamente a los pies del Stmo. Cristo de las Misericordias (anónimo siglo XVII, atribuido a Pedro Roldán) hasta el año 1965. A partir del año 2004, la hermandad del Martes Santo decidió recuperar dicha escenografía para la Semana Santa hispalense, cambiando, un año más tarde, la advocación de la Virgen de los Dolores por la de Virgen de la Antigua.

"La Pietá"

La representación escenográfica de la Virgen María al pie de la cruz, sosteniendo a su Hijo en su regazo, se encuadra iconográficamente dentro de la composición artística conocida como la Pietá. Del latín "Pietatis" y del italiano "Pietá", la Piedad podemos verla representada en los misterios procesionales de las hermandades de El Baratillo, La Mortaja y Los Servitas, recogiendo, además, las dolorosas del Baratillo y de la Mortaja la propia advocación de Piedad, para fijar el pasaje de la Pasión representado en el paso. De este modo, son tres las escenografías de la Semana Santa de Sevilla que recogen este episodio: Nuestra Señora de la Piedad y el Santísimo Cristo de la Misericordia (realizados por Manuel Rodríguez Fernández Andrés en 1945 y Luis Ortega Bru en 1951, respectivamente) en la Hermandad del Baratillo; Nuestra Señora de la Piedad y Nuestro Padre Jesús descendido de la Cruz (anónima siglo XVII y Cristóbal Pérez en 1667, respectivamente) en la Hermandad de la Sagrada Mortaja; y Nuestra Señora de los Dolores y el Santísimo Cristo de la Providencia (realizados por José Montés de Oca en 1730) en la Hermandad de los Servitas. Junto a dichas imágenes hay una serie de esculturas decorativas que recogen dicha escena, destacando la Pietá que aparece en los faldones del paso de palio de Ntra. Señora de los Dolores, titular de la Hermandad de las Penas de San Vicente.

Paso de Cristo de la Hdad. de los Servitas. PA

Representación de la Piedad en la Hdad. de la Sagrada Mortaja. JJ

Históricamente, el patetismo de la escenografía de la Piedad, en la que la Virgen recoge en sus brazos el cuerpo de Jesús recién descendido de la cruz por los Santos Varones, tiene un origen bizantino, si bien aparecerá en el occidente europeo a comienzos del siglo XIV en el arte gótico germano-flamenco. Una iconografía que centraba dentro de la piedad popular, las siete angustias de María. A saber: la crucifixión, la agonía, la expiración, la lanzada, el descendimiento, el acogerlo entre sus brazos y el traslado al sepulcro. Serán las congregaciones religiosas femeninas de Alemania quienes difundan ese modelo artístico, que rápidamente se extendió por toda Centroeuropa. Pese a tener la Piedad en el Trecento a Giotto, como precedente por tratar la escena del Llanto con el Cristo Muerto, no será hasta el siglo XIV cuando, verdaderamente, se desarrolle la temática dentro de la pintura italiana, así como en la escultura castellana, donde el modelo iconográfico se introduce desde la segunda mitad de dicho siglo, popularizándose a partir del siglo XV. Sin embargo, no será hasta finales del siglo XVI y comienzos del siglo XVII cuando se den las primeras configuraciones de la temática de la Piedad con carácter procesional.

La Historia del Arte en general, cuando se refiere a la composición en la que aparece María al pie de la cruz sosteniendo a su Hijo en su regazo, remite claramente a la iconografía que se va a desarrollar en la Italia del Renacimiento, particularmente las composiciones pictóricas realizadas por grandes artistas como Perugino, Botticelli o Tiziano, y sobre todo el grupo escultórico realizado en mármol por el genial artista Miguel Ángel, entre los años 1498 y 1499, que se encuentra hoy día en la Basílica de San Pedro del Vaticano en Roma.

Detalle de la Piedad en los faldones del paso de palio de la Hdad. de las Penas de San Vicente. FJP

Ntra. Sra. de la Piedad de la Hdad. del Baratillo. JJ

Ntra. Sra. de la Piedad del Baratillo en su salida procesional. SG

La Encarnación del Verbo

Con la fiesta de la Encarnación, los cristianos celebramos el momento en que el Verbo de Dios, es decir, Jesucristo, se encarnó en la Santísima Virgen María por medio del Espíritu Santo, adquiriendo de esa manera su condición humana. La Iglesia Católica considera la Encarnación un misterio, hasta el punto que la "Annuntiatio" se incorporó al rezo del Santo Rosario como el primero de los "Misterios Gozosos". Igualmente, la Encarnación de María aparece, tácitamente, en el Credo de la Iglesia Católica cuando se dice que "*Jesucristo fue concebido por obra y gracia del Espíritu Santo, nació de Santa María Virgen y se hizo hombre*", según se dispuso en el Concilio Niceno-Constantinopolitano en el año 381 d.C.

Históricamente, la Virgen María va a ser defendida por los Padres de la Iglesia como Madre de Dios, siendo éste uno de los primeros títulos que se le den a María, y así será ya reafirmado en el Concilio de Éfeso en el 431 d. C , momento desde el cual, se va a expandir, muy influenciada por la literatura judía, la concepción virginal de María. Será ya en el siglo VI, en época del emperador Justiniano, cuando se den los orígenes de la Encarnación como festividad litúrgica, siendo incorporada más tarde a la Liturgia Romana por el pontífice Sergio I en el año 687 d.C. Así, la festividad acabaría estableciéndose el 25 de marzo.

En la Semana Santa de Sevilla es la dolorosa titular de la Hdad. de San Benito, Ntra. Sra. de la Encarnación (anónima, siglo XVII), quien recoge en su advocación el misterio por el cual Jesús se hizo hombre, como bien relata el evangelista Lucas al referirse a las palabras que el arcángel San Gabriel dirigió a María: "*Vas a concebir en tu seno y vas a dar a luz un hijo, a quien pondrás por nombre Jesús. Él será grande y será llamado Hijo del Altísimo, y el Señor Dios le dará el trono de David, su padre*" (Lc 1,31). Igualmente, el Evangelio de Lucas dice lo siguiente: "*El Espíritu Santo vendrá sobre ti y el poder del Altísimo te cubrirá con su sombra; por eso el que ha de nacer será santo y será llamado Hijo de Dios*" (Lc 1,35).

Cartela del paso de palio de la Hdad. de las Siete Palabras. JJ

Ntra. Sra. de la Encarnación. Hdad. de San Benito. PA

Cartela del paso de palio de la Hdad. del Amor. ASC

Gloria del paso de palio de la Hdad. de San Benito. PA

Faldones del paso de palio de la Hdad. de la Amargura. ASC

Muchos son los pasos que recogen la iconografía en la que aparece la Virgen María, el arcángel San Gabriel y la Paloma del Espíritu Santo, formando el misterio de la Encarnación, aunque por su importancia sobresalen una de las cartelas de los faldones del paso de María Stma. de la Amargura, una de las cartelas de los inconmensurables respiraderos de la Virgen del Socorro (Hdad. del Amor), la gloria del palio de Ntra. Sra. de la Angustia (Hdad. de los Estudiantes, donde aparece la Virgen en maternidad con un libro a su pies donde se lee la leyenda "Verbum") y sobre todo, la gloria del palio de Ntra. Sra. de la Encarnación (Hdad. de San Benito).

Gloria del paso de palio de la Hdad. de los Estudiantes. ASC

Ntra. Sra. de la Encarnación. Hdad. de San Benito. CR

El *Magnificat*

Cartela en el palio de Ntra. Sra. de la Encarnación. Hdad. de San Benito. PA

El afán catequizador que impulsa a la Semana Santa de Sevilla, particularmente tras la conclusión del Concilio de Trento (1545-1563), hará que iconográficamente no solo se representen los pasajes de la vida y Pasión de Cristo, sino también, los pasajes alusivos a la vida de la Virgen María. Y así, aunque pueda pasar desapercibido, vamos a ver representado el Magnificat, un cántico que reproduce las palabras que la Virgen María dirigió a su prima Isabel con ocasión de la visita que le realizó según se recoge en el Evangelio de Lucas de la siguiente manera: "*Proclama mi alma la grandeza del Señor, se alegra mi espíritu en Dios, mi salvador; porque ha puesto sus ojos en la humildad de su esclava. Desde ahora me felicitarán todas las generaciones, porque el Poderoso ha hecho obras grandes por mí:su nombre es santo, y su misericordia llega a sus fieles de generación en generación. Él hace proezas con su brazo, dispersa a los soberbios de corazón, derriba del trono a los poderosos y enaltece a los humildes, a los hambrientos los colma de bienes y a los ricos los despide vacíos. Auxilia a Israel, su siervo, acordándose de la misericordia, como lo había prometido a nuestros padre, en favor de Abrahám y su descendencia por siempre*" (Lc 1, 46-55).

Este pasaje bíblico de la Visitación de la Virgen a sus prima Isabel, queda, iconográficamente, representado en la Semana Santa de Sevilla en una de las cartelas de los respiraderos de los pasos de palio de Nuestra Señora de las Mercedes de la Hdad. de Santa Genoveva, Ntra. Sra. de la Encarnación (Hdad. de San Benito) y en una cartela de los respiraderos y en uno de los doce varales del paso de palio de Nuestra Señora de la Merced, titular de la Hermandad de Pasión.

Dentro de la Liturgia de las Horas, el Magnificat es el cántico empleado para rezar las Vísperas, donde se venera la memoria de la sepultura de Jesucristo y su descenso de la cruz. Su relación con la Semana Santa hay que relacionarla con la profecía que hace la propia Virgen anunciando la grandeza del Dios que lleva en su vientre, al que llama "Salvador". Igualmente María profetizó que todas las generaciones le llamarían Bienaventurada, algo

Cartela en el palio de Ntra. Sra. de la Merced. Hdad. de Pasión. ASC

que veinte siglos después puede contrastarse, claramente, más si cabe en esta ciudad de Sevilla que adopta en su título la condición de "Mariana" y que es conocida como la "Tierra de María Santísima". Por tanto, el Magnificat es espejo del alma de la Virgen María, cántico de la Buena Noticia que trae Jesucristo y anuncio de la misericordia de Dios, que se testimoriará con la Pasión, Muerte y Resurrección de su Hijo, culminación de su plan salvador. Gracias al "sí" de María y a su fidelidad al plan de Dios, la Salvación del mundo fue posible... y se obró la Semana Santa de Sevilla.

Las Letanías de la Virgen

Dentro del devocionario católico, una de las formas más comunes de orar y alabar a la Santísima Virgen María serán las Letanías Lauretanas, un conjunto de invocaciones muy breves, sucedidas unas detrás de otras, a modo de continua alabanza a la Madre de Dios. Será en los primeros siglos de la Cristiandad cuando se encuentren los orígenes de las letanías, unos cantos de alabanza empleados al menos desde el siglo XIII. Aprobadas por Sixto V en el año 1587, ya en el siglo XVII, el pontífice Clemente VIII prohibió todo tipo de letanías que no estuvieran en el Misal, aprobando de manera específica las Letanías Lauretanas mediante el decreto *Quoniam multi* del año 1601. Igualmente, hay que decir que el nombre de Letanías Lauretanas procede de la advocación de la Virgen de Loreto, en cuyo santuario italiano se desarrollaron. Su devoción arraigaría en el occidente católico en los siglos de la Edad Moderna gracias a la divulgación que los frailes dominicos hicieron de las mismas.

Casa de Oro. Paso de palio de la Hdad. de San Bernardo. SG

Siendo Sevilla una ciudad, eminentemente, mariana, las Letanías Lauretanas están muy presentes en su Semana Santa, estando repartidas, sobre todo, en los pasos de la palio de las distintas hermandades y cofradías de la ciudad. Por un lado están las letanías que forman parte de las advocaciones de las dolorosas, como "Reina de la Paz" (Hdad. de La Paz) "Madre de la Iglesia" (Hdad. de la Sed), "Madre de Dios" (Hdad. del Cristo de Burgos) o "Reina del Santísimo Rosario" (Hdad. de Monte-Sión). De otro lado, están las letanías que quedan reflejadas iconográficamente en pasos y enseres diversos. Sírvanos como ejemplo, la siguiente relación:

-"Casa de Oro": Simbólicamente, podemos apreciarla en su conjunto en los pasos de palio de Nuestra Señora del Refugio (Hda. de San Bernardo) y de Ntra. Sra. de Loreto (Hdad. de San Isidoro), cuyos áureos tonos de orfebrería nos remiten a la mencionada letanía.

-"Estrella de la Mañana": Respiraderos de Ntra. Sra. del Rosario (Hdad. Polígono San Pablo), Bambalina trasera interna del palio de la Esperanza Macarena.

-"Madre de la Iglesia": Bambalina trasera interna del palio de Ntra. Sra. de los Desamparados (Hdad. San Esteban).

-"Hija de David", "Madre del Creador", "Madre del Salvador", "Madre Purísima", "Madre Castísima", "Puerta del Cielo", "Arca de la Alianza", "Espejo de Justicia" o "Pozo de Sabiduría", van a estar repartidas por diversos pasos de palio, destacando las que aparecen en el moldurón de los respiraderos de Nuestra Sra. de la Hiniesta y las que aparecen en los propios respiraderos de Ntra. Sra. del Rosario (Hdad. del Polígono San Pablo) y de Ntra. Sra. de los Ángeles (Hdad. de Los Negritos).

-"Rosa Mística": Respiraderos de Ntra. Sra. del Rosario (Hdad. Polígono San Pablo).

-"Salud de los Enfermos", aparece en faldones del palio y en la corona de Ntra. Sra. del Refugio (Hdad. de San Bernardo), en cuya corona aparece, también, "Refugio de los Pecadores".

-"Torre de David": Faldones del paso de la Soledad de San Lorenzo.

-"Vaso Espiritual": Respiraderos de Ntra. Sra. del Rosario (Hdad. Polígono San Pablo).

Sin embargo y pese a que son pocos los palios que escapan a la representación de las letanías en ellos, el palio por excelencia que recoge una iconografía mayor de este tipo de alabanzas marianas será el de Ntra. Sra. de la Angustia (Hdad de los Estudiantes), en cuyas bambalinas puede leerse: "Mater Creator" (Madre de Creador), "Mater Salvatoris" (Madre del Salvador), "Mater Inviolata" (Madre Inmaculada). De igual modo, en sus faldones quedan representadas las siguientes letanías: "Turris Davidicae" (Torre de David), "Turris Eburnea" (Torre de Marfil), "Domus Aurea" (Casa de Oro), "Foedetaris Arca" (Arca de la Alianza) y "Regina Regum" (Reina de los Reyes).

Por último, conviene apuntar, que las letanías medievales se hicieron ecos de una serie de alabanzas asociadas a la Virgen María que aparecen en el Cantar de los Cantares. De un lado "Fons Signatus", que se traduce como "Fuente de Salud", iconografía que no solo queda reflejada en la advocación de la dolorosa titular de la Hdad. de San Gonzalo, Ntra. Sra. de la Salud, sino, también, en los respiraderos y en la gloria que preside su techo de palio. Una iconografía

"Fuente de la que salen las aguas vivas de Jerusalen".
Paso de palio de la Hdad. del Museo. JJ

"Todos los Sedientos, venid a las Aguas".
Paso de palio de la Hdad. del Museo. JJ

que junto a otras letanías, también se reproduce en los respiraderos del palio de Ntra. Sra. de la Hiniesta (Hdad. de la Hiniesta), en los faldones de María Stma. de la Amargura (Hdad. de la Amargura), las bambalinas frontales del paso de palio de Ntra. Sra. de Consolación (Hdad de la Sed) y en los respiraderos del palio de Ntra. Sra. de la Merced (Hdad de Pasión). Y de otro lado "Fons aquarium viventium" que se traduce como "Fuente de Aguas Vivas", iconografía, que queda reflejada en la advocación de la dolorosa titular de la Hdad. del Museo, Ntra. Sra. de las Aguas, en cuya bambalinas interiores del paso de palio puede leerse la siguiente leyenda "Omnes sitientes venite ad aquas": *Todos los Sedientos, venid a las Aguas*. Sin ser letanías, propiamente dichas, otras leyendas marianas aparecen en las jarras del paso de palio de Ntra. Sra. del Refugio (Hdad. de San Bernardo).

Madre de la Iglesia. Paso de palio de la Hdad. de San Esteban. ASC

Reina del Stmo. Rosario. Paso de palio de la Hdad. de los Estudiantes. ASC

De izquierda a derecha: Puerta del Cielo representada en los pasos de palio de las Hdades. de la Hiniesta, Pol. de San Pablo y de la Amargura. ASC

Torre de David. Faldones del paso de palio de la Hdad. de la Amargura. ASC

Torre de David. Faldones del paso de la Soledad de San Lorenzo. JJ

Arca de la Alianza. Paso de palio de la Hdad. de la Hiniesta. ASC

Vaso Espiritual. Paso de palio de la Hdad. del Pol. de San Pablo. ASC

Pozo de Sabiduría. Paso de palio de la Hdad. de la Hiniesta. PA

Casa de Oro. Faldones del paso de palio de la Hdad. de la Amargura. ASC

Madre de Dios. Palio de la Hdad. de las Siete Palabras. JJ

Reina de los Ángeles. Manto de Ntra. Sra. de los Ángeles. Hdad. de Los Negritos. SG

Madre de la Iglesia. Paso de palio de la Hdad. de los Negritos. PA

Reina de los Mártires. Manto de la Esperanza Macarena. ASC

Estrella de la Mañana. Palio de la Hdad. de los Negritos. PA

Puerta del Cielo. Paso de palio de la Hdad. de los Negritos. PA

Madre del Creador.
Paso de palio de la
Hdad. de Monte-Sión. ASC

Fuente de Salud. Palio de la Hdad. de Pasión. ASC

Salud de los enfermos.
Paso de palio de la Hdad.
de San Bernardo. PA

Fuente de Salud. Medalla
conmemorativa de la Coronación
Canónica de Ntra. Sra. de la Salud.
Hdad. de San Gonzalo. PA

Fuente de Salud. Gloria del palio de la
Hdad. de San Gonzalo. PA

Reina de la Paz. Paso de
palio de la Hdad. de la Paz.
ASC

Los Siete Dolores de María

La devoción a la Virgen María en los momentos dolorosos de la Pasión de Jesucristo hunde sus orígenes en la Edad Media. En el siglo XI, la devoción a los dolores de la Virgen va a ser muy expandida por el arzobispo San Ildefonso de Toledo, mientras que en las Cantigas de Alfonso X "el Sabio" en el siglo XIII va a haber una dedicada a los "*Os sete pesares que viu Santa Maria*". Sin embargo, será a finales del siglo XV, cuando la pintura y la escultura, influenciadas por el expresionismo y el patetismo Gótico, difundan, definitivamente, tal devoción. Iconograficamente, en ella se presenta a la Virgen con su hijo muerto entre sus brazos o sola al pie de la cruz tras el entierro de éste. El elemento que confiere dolor a la Virgen será un puñal atravesando su pecho, símbolo ligado a la Profecía de Simeón en la Presentación de Jesús al Templo: "*Este Niño está puesto para ruina y resurrección de muchos de Israel, y una espada traspasará tu alm*a" (Lc. 2; 32-35). Así podemos citar como los Siete Dolores de María lo siguiente: la Profecía de Simeón, la Huida a Egipto, la Pérdida de Jesús en el Templo, el Encuentro con Jesús camino del Calvario, la Crucifixión de Jesús, el Descendimiento de la Cruz y el Entierro de Jesús.

Ntra. Sra. de los Dolores. Hdad. de Santa Cruz. FJP

La "Mater Dolorosa" o Virgen de los Dolores es una de las representaciones más comunes de la Madre de Dios, junto a las conocidas como

Estandarte de la Venerable Orden Tercera de los Siervos de María. Hdad. de los Servitas. PA

Nazareno de la Hdad. de los Servitas. PA

"Stabat Mater" y "Pietá". La Virgen en su advocación de los Dolores, no solo es la advocación más adecuada para la Madre de Dios, sino la escenografía mariana más representada, siendo varias congregaciones religiosas las que propagarían su culto. Posiblemente, la de más notable arraigo fuera la Orden Tercera de los Siervos de María, conocida como "Los Servitas", fundada por siete nobles florentinos en el año 1223, cuyo celo pasionista alcanzaría su máxima expansión en España en el siglo XVIII, donde proliferarán conventos e iglesias dedicadas a los Siete Dolores de María, teniendo en la archidiócesis hispalense, su epicentro en San Marcos.

Hoy día son muchas las dolorosas que recogen tal advocación en la Semana Santa de Sevilla. Quizá la más importante de todas sea la titular de la Hermandad de Los Servitas, Nuestra Señora de los Dolores, una obra realizada por

La Profecía del Santo Simeón en la Gloria del paso de palio de la Hdad. de la Candelaria. FJP

Montes de Oca en 1730. Junto a ella, tienen por titular a la Virgen María en su advocación de los Dolores, las hermandades de Torreblanca, San José Obrero, Jesús Despojado, las Penas de San Vicente, las Aguas, el Cerro del Águila, Santa Cruz, Gran Poder y la Carretería. Iconográficamente, el corazón atravesado por puñales lo veremos en pechos de las dolorosas, llamadores, respiraderos, bambalinas y enseres varios, destacando la cartela con la leyenda "*...y una espada de dolor atravesará tu alma*" del respiradero delantero del paso de palio de Nuestra Señora de las Tristezas (Hermandad de Veracruz), la gloria del paso de palio de la Nuestra Señora de la Candelaria con la "Profecía del Santo Simeón", y los llamadores

Paso de palio de la Hdad. de los Servitas. ASC

Cartela del paso de palio de la Hdad. de la Vera Cruz. JJ

Llamador del paso de misterio de la Hdad. de los Servitas. ASC

Llamador del paso de palio de la Hdad. de Santa Cruz. FJP

Llamador del paso de palio de la Hdad. de los Javieres. ASC

Llamador del paso de palio de la Hdad. del Gran Poder. SG

de los palios de Ntra. Sra. de Gracia y Amparo (Hdad. Los Javieres), Ntra. Sra. del Mayor Dolor y Traspaso (Hdad. Gran Poder) y el llamador del misterio de los Servitas. Finalmente, el corazón atravesado aparecerá, también, en los escudos corporativos de las hermandades de La Misión, Jesús Despojado, las Penas, el Cerro del Águila, el Baratillo, Quinta Angustia, los Gitanos y los Servitas.

Los Dogmas Marianos

La Semana Santa ofrece una rica iconografía tanto cristífera como mariana. Al igual que los "Misterios Dolorosos" del Santo Rosario, otros misterios aparecen representados en la semana mayor hispalense, tal es el caso de los "Misterios Marianos" que la Iglesia eleva a la categoría de Dogmas Marianos y así aparecen recogidos en el Catecismo de la Iglesia Católica: Inmaculada Concepción de María, Virginidad perpetua de María, Maria Madre de la Iglesia y Asunción al Cielo.

El primero de ellos, recogido ya en el Concilio de Éfeso del año 432 d. C, bajo el pontificado de Celestino I, aparece claramente reflejado en la Semana Santa de Sevilla en la advocación de Nuestra Señora de la Concepción, dolorosa titular de la Hermandad de El Silencio, Madre y Maestra de las Cofradías de Sevilla. La iconografía de la Inmaculada recorre múltiples entrecalles, respiraderos, varales y bambalinas de distintos pasos de palio de la semana mayor hispalense. De otro lado, el segundo misterio mariano recoge la Virginidad perpetua de María. La Liturgia de la Iglesia habla de ella como la siempre Virgen y así queda reflejado en cualquiera de las imágenes de María en nuestra Semana Santa, al recoger cada una de estas imágenes el título de "Santísima Virgen". Por su parte, el Dogma Mariano que establece que María es Madre de la Iglesia lo vemos a las claras en la advocación de la titular de la Hdad. de la Sed, Nuestra Señora de Consolación Madre de la Iglesia (Antonio Dubé de Luque, 1969). Un misterio mariano que iconográficamente queda, también, representado a través de la Barca de la Iglesia, un elemento de claro matiz simbólico, pues Jesús desde la Cruz, al indicar a San Juan Evangelista *"hijo ahí tienes*

Inmaculada Concepción. Paso de palio de la Hdad. del Cristo de Burgos. FJP

Manigueta del paso de palio de la Hdad. de la Sed. ASC

a tu Madre", refiriéndose a la Virgen María, está, simbólicamente, diciéndole a la humanidad, reflejada en San Juan, que María es la Madre de la Iglesia. La identificación de la Virgen con la Barca de la Iglesia, podemos verla entre otras partes, en las manos y en la bambalina delantera del paso de palio de la Virgen de Consolación (Hdad. de la Sed), en las bamabalinas traseras internas del paso de palio de Nuestra Señora de

Llamador del paso de palio de la Hdad. de la Sed. ASC

Llamador del paso de palio de la Hdad. del Carmen Doloroso. FJP

los Desamparados (Hdad. de San Esteban), y en el llamador del palio de Nuestra Señora del Carmen Doloroso, titular de la hermandad del

La Asunción en la Gloria del paso de palio
de la Hdad. del Museo. ASC

La Asunción en la Gloria del paso de palio
de la Hdad. de los Panaderos. PA

mismo nombre, si bien, en este último caso, la barca tiene una doble interpretación, pues también puede asociarse a la Marina, al ser la Hermandad del Carmen Doloroso, una corporación fundada en 1982 por un grupo de sevillanos que se encontraban haciendo el servicio militar en San Fernando (Cádiz).

Por último, el cuarto misterio mariano que la Iglesia eleva a condición de dogma es el de la Asunción al Cielo de la Santísima Virgen, proclamado por el papa Pío XII en 1950. Una iconografía muy numerosamente representada en distintos pasos de palio y cartelas de pasos de Cristo. Sírvanos como ejemplo la iconografía de

La Asunción en el paso de palio de la Hdad. del Amor. ASC

La Asunción en el paso de palio de la Hdad. de la Trinidad. FJP

la Asunción que aparece en los banderines de las hermandades de La Bofetá o las Siete Palabras; la imagen que aparece en la entrecalle de la candeleria del palio de Ntra. Señora del Socorro (Hdad. del Amor), en los respiraderos del palio de la Esperanza de la Trinidad, y las alusiones asuncionistas que quedan reflejadas en los respiraderos de la Virgen del Subterráneo (Hdad. de la Sagrada Cena) y de la Virgen de la Palma (Hdad. del Buen Fin); bocinas de la Hdad. de Santa Marta, faldones del paso de palio de la Amargura o en las glorias que presiden los palios de la Virgen de Regla (Hdad. de los Panaderos) y la Virgen de las Aguas (Hdad. del Museo).

Sine Labe Concepta: la Inmaculada Concepción de María

Sin lugar a dudas, la Inmaculada Concepción es una de las imágenes más repetidas de la iconografía mariana en España. Dicha representación hunde su origen en el Apocalipsis de San Juan, donde se asocia a la Virgen con una *"mujer vestida de sol, con la luna debajo de sus pies y en la cabeza una corona de doce estrellas"*. El culto inmaculista gozaría de enorme difusión desde los años del Renacimiento, alcanzando su máxima divulgación devocional ya en el siglo XVII. En esa difusión del culto a la Inmaculada Concepción jugaría un papel muy importante la figura de Miguel del Cid, quien

La Inmaculada en el frontal del paso de palio de la Hdad. del Buen Fin. FJP

Paso de palio de la Hdad. de las Cigarreras. FJP

en 1614 dedica a la Santísima Virgen la siguiente copla: *"Todo el mundo en general, a voces reina escogida, diga que sois concebida, sin pecado original"*. Igualmente, el Siglo de Oro hispalense ayudaría a fijar, definitivamente, la representación iconográfica de la Inmaculada, gracias a las notables aportaciones que harán Juan Martínez Montañés en el ámbito de la imaginería y Francisco Pacheco, Alonso Cano, Francisco Zurba-

Paso de palio de la Hdad. de la Exaltación. ASC

Paso de palio de la Hdad. de la Esperanza de Triana. ASC

rán y Bartolomé Esteban Murillo, sobre todo, en el ámbito de la pintura.

Por otro lado y aún teniendo precedentes medievales, para esos siglos de la Edad Moderna, los cortejos penitenciales van a contar con un enser llamado "Simpecado" con la incripción "*Sine Labe Concepta*", que se traduce como "Sin pecado concebida", un tipo de insignia que bajo esa leyenda o conteniendo una pequeña imagen de la Inmaculada, aparece hoy día de manera muy frecuente en diversos cortejos procesionales. Sírvanos como ejemplo el estandarte empleado por la Hermandad de El Silencio. Igualmente y a renglón de ello, hay que apuntar que en otras ocasiones, muchas hermandades en lugar de incluir en su cortejo un Simpecado, van a incluir una bandera con

Respiraderos del paso de palio de la Hdad. de la Cena. FJP

La Inmaculada en la Gloria del paso de palio de la Hdad. de la Amargura. JJ

los colores azul y blanco, que la Iglesia asocia a la Inmaculada por ser símbolo de pureza, es la llamada "Bandera Concepcionista".

La devoción a la Inmaculada establece que María no solo fue concebida sin pecado, sino que además, fue redimida al instante de su concepción. Así fue dictado por el Dogma que el papa Pío IX proclamó el 8 de diciembre de 1854 en la plaza de San Pedro de Roma. A colación del mismo, la Hermandad y Cofradía de Nazarenos de El Silencio, a la sazón Madre y Maestra de las corporaciones penitenciales hispalenses, se adhirió a la defensa del dogma bajo juramento de sangre, lo que iconográficamente se refleja en la advocación de su dolorosa, Nuestra Señora de la Concepción y la introducción en su cortejo procesional de varios elementos simbólicos. A saber, el Estandarte Concepcionista, conocido como el "Estandarte del Voto", un Cirio Votivo iluminado con

Simpecado de la Hdad. de la Amargura. PA

Faldones del paso de misterio de la Hdad. de Santa Marta. ASC

la imagen de la Inmaculada Concepción y una Espada, en señal de la defensa a ultranza que los nazarenos de la congregación están dispuestos a realizar en defensa del juramento del Dogma si fuera necesario.

En la ciudad mariana por excelencia, Sevilla, la Inmaculada está muy presente en su Semana Santa, siendo titular de las hermandades de la Sed, San Bernardo y la Exaltación, recogiéndose, al tiempo, su imagen en varios pasos de Cristo, de palio y enseres diversos. Así, la Inmaculada Concepción de la Virgen, a modo de ejemplos, podemos verla representada de la siguiente manera:

—Entrecalles de las candelerías de los palios de Ntra. Sra. de los Dolores y Misercordia

"Sine Labe" de la Hdad. de la Carretería. ASC

(Hdad. Jesús Despojado), Ntra. Sra. del Socorro (Hdad. del Amor), Madre de Dios de la Palma (Hdad. del Cristo de Burgos), Ntra. Sra. de la Victoria (Hdad. Las Cigarreras), Ntra. Sra. de las Lágrimas (Hdad. de la Exaltación), Ntra. Sra. de la Merced (Hdad. Pasión), Ntra. Sra. de la Presentación (El Calvario), Ntra. Sra. de la Esperanza de Triana, Ntra. Sra. de las Angustias (Hdad. de Los Gitanos) y Ntra. Sra. del Mayor Dolor en su Soledad (Hdad. de la Carretería).

—Respiraderos de Ntra. Sra. del Subterráneo (Hdad. Sagrada Cena), Ntra. Sra. de los Dolores (Hdad. Penas de San Vicente) y Ntra. Sra. de la Esperanza (Hdad. La Trinidad).

—Cartela en canastilla del paso de misterio del Stmo. Cristo de la Buena Muerta (Hdad. La Hiniesta) y cartela en la canastilla del paso de Nuestro Padre Jesús de la Pasión.

—Bambalina frontal de la Virgen de la Palma (Hdad. del Buen Fin).

Simpecado de la Hdad. del Silencio. PA

- Gloria de los palios de María Santísima de la Amargura, Ntra. Sra. de Gracia y Amparo (Hdad. Los Javieres), Ntra. Sra. de los Dolores (Hdad. Santa Cruz), Ntra. Sra. del Mayor Dolor y Traspaso (Hdad. Gran Poder) y Ntra. Sra. del Sol.

Respiradero del paso de palio de la Hdad. de las Penas de San Vicente. PA

Murillo pintando a la Inmaculada. Respiraderos del paso de palio de la Hdad. de Pasión. ASC

- Simpecados o "Sine Labe" de las hermandades de la Amargura, Redención, Santa Marta, San Benito, Dulce Nombre (Bofetá), Santa Cruz, Carmen Doloroso, San Bernardo, Buen Fin, La Lanzada, Baratillo, Cigarreras, Monte-Sión, Quinta Angustia, El Valle, Soledad de San Buenventura, la Carretería, El Cachorro, Montserrat y la Sagrada Mortaja.

Por último, como detalle curioso, apuntar que en uno de los respiraderos de plata del paso de palio de Ntra. Sra. de la Merced (Hdad. de Pasión) aparece una cartela alusiva a Murillo pintando su conocida "Inmaculada de los Venerables", junto a la leyenda "*Bartolomé Esteban Murillo, el Pintor de la Virgen*".

3
Iconografía Teológica en los pasos procesionales

Los Estilos Artísticos en los Pasos Procesionales

Desde los primeros precedentes del paso procesional, allá por la primera mitad del siglo XVI, los distintos estilos artísticos han ido marcando el aspecto de éstos, bien por influencias de la época, como consecuencia de la evolución del arte o bien por el recuerdo de tiempo pasados, siendo, además, muy notorio, el influjo de la decoración de los retablos sevillanos en la ornamentación que según la época se aplique en los pasos procesionales. Lo cierto y verdad, es que en la Semana Santa de Sevilla constatamos la existencia de varios estilos artísticos que marcan la fisonomía de los distintos pasos utilizados por

Paso de misterio de la Hdad. de la Exaltación (Los Caballos). ASC

Paso de Ntro. Padre Jesús del Gran Poder. JJ

las hermandades y cofradías hispalenses. A saber, gótico, renacentista, barrocco, clasicista, romántico y modernista. Iconográficamente, debemos poner el acento en tres estilos artísticos por encima de todo: Gótico, Barroco e Historicista. Así, comenzando por el Barroco, hay que incidir en que su uso será muy común desde el siglo XVII, estando muy inspirado, ornamentalmente, en los retablos sevillanos. Este estilo se va a caracterizar por una fisonomía del canasto, bien con casetones y líneas rectas, bien con formas sinuosas y abombadas. Igualmente, el estilo barroco lo vamos a ver en la utilización de cartelas con escenas de la Vida de Cristo o la Vida de María, capillas con esculturas de santos, columnas salomónicas e imaginería menor, normalmente, ángeles en sus distintas modalidades, los atributos de la Pasión y los cuatro evangelistas. Decorativamente, además, saltará a la vista la utilización de molduras y motivos vegetales o frutales. Podemos encuadrar dentro de este estilo artístico, a modo de ejemplos, los pasos del Stmo. Cristo de la Salud y Buen Viaje (Hdad. de San Esteban), Stmo. Cristo de la Exaltación (Hdad. de los Caballos), Ntro. Padre Jesús de la Pasión (Hdad. de Pasión), Ntro. Padre Jesús del Gran Poder (Hdad. del Gran Poder) y Ntro. Padre Jesús de las Tres Caídas (Hdad. de San Isidoro).

Llamador del paso de Cristo de la Hdad. de Santa Cruz. FJP

De otro lado el Gótico, que aparece en los pasos procesionales ya en el siglo XIX con carácter revisionista, se va a caracterizar por los canastos de casetones, decoración con motivos vegetales, sobre todo, hojas de acantos, la utilización de capillas, habitualmente, pintadas o con relieves; y la utilización de elementos arquitectónicos como contrafuertes, arbotantes

Paso del Stmo. Cristo de las Misericordias. Hdad. de Santa Cruz. FJP

Estilo Gótico de un farol de entrevaral del paso de palio de la Hdad. de la Sagrada Lanzada. ASC

y pináculos. Podemos encuadrar aquí, a modo de ejemplos, el paso de palio de Ntra. Sra. de la Paz, el paso del Stmo. Cristo de las Misericordias (Hdad. de Santa Cruz), los dos pasos de la Hdad. de la Sagrada Lanzada y los tres pasos de la Hdad. del Santo Entierro.

Llamador del paso de palio de la Hdad. de la Sagrada Lanzada. FJP

Por su parte, el estilo historicista será un compendio de distintos estilos artísticos, destacando el renacentista y el barroco. Todo un estilo ecléctico que irrumpirá con fuerza a principios del siglo XX, en el que cabe destacar los pasos del Stmo. Cristo de la Buena Muerte (Hdad. de los Estudiantes) y del Stmo. Cristo de Burgos (Hdad. del Cristo de Burgos).

Finalmente, junto a estos tres estilos, cabría destacar el estilo modernista del paso de palio de Ntra. Sra. de los Ángeles (Hdad. de los Negritos), caracterizado por la fuerza expresiva, lineas onduladas, formas vegetales curvadas y motivos decorativos alargados; y el estilo neobizantino que impera en el paso de palio de Ntra. Sra. de la Concepción (Hdad. de El Silencio), cuya decoración presenta evidentes connotaciones orientales, muy particularmente inspiradas en la Basílica de San Marcos de Venecia (Italia).

Arriba de izquierda a derecha:

Detalle del paso de palio de la
Hdad. de la Paz. ASC

Paso del Duelo de la
Hdad. del Santo Entierro. JJ

Paso de la Urna de la
Hdad. del Santo Entierro. JJ

A la izquierda:
Paso de palio de la
Hdad. del Silencio. PA

Paso del Stmo. Cristo de Burgos. JJ

Paso de palio de Ntra. Sra. de los Ángeles.
Hdad. de los Negritos. FJP

La Zarza Ardiente

Uno de los episodios más conocidos del Antiguo Testamento es el de la Zarza Ardiente, recogido en el Éxodo 3, 2-4: "*... y llegó Moisés al Horeb, la montaña de Dios. El ángel de Yhaveh se le apareció en forma de llama de fuego, en medio de una zarza. Vio que la zarza estaba ardiendo, pero que la zarza no se consumía. Dijo pues Moisés: "voy para ver este extraño caso: porqué no se consume la zarza". Cuando vio Yhaveh que Moisés se acercaba para mirar, le llamó de en medio de la zarza, diciendo: "Moisés, Moisés". El respondió: "he me aquí". Le dijo: "No te acerques aquí; quítate las sandalias de tus pies, porque el lugar en el que estás es tierra sagrada." Y añadió: "yo soy el Dios de tu padre, el Dios de Abraham el Dios de Isaac, y el Dios de Jacob...*".

Desde los primeros siglos de la Cristiandad, los Padres de la Iglesia van a relacionar la zarza que vio Moisés sin consumirse con la imagen de la Virgen María, pues es la Madre de Dios, manteniendo intacta su virginidad, quien alumbra a Cristo, verdadera luz del mundo. La Virgen es portadora de Cristo, de ese fuego del amor de Dios a los hombres, como la zarza es portadora de la divinidad.

En la Semana Santa de Sevilla, los pasos de palio hemos de entenderlos como la misma Zarza Ardiente, por custodiar en ellos la propia santidad de la Virgen María. Y es que cuando en un cortejo procesional pasa por delante de nosotros un paso de palio, hemos metafóricamente de quitarnos las sandalias al igual que Moisés, es decir, hemos de descalzarnos porque lo que tenemos ante nosotros es *tierra sagrada*, siendo necesario desproveernos de todo para alcanzar la gracia de Dios. Comparativamente, lo mismo podemos decir de los dorados pasos procesionales de los llamados de Cristo o de misterio, que en la maravillosa luminiscencia de los candelabros, nos remiten, también, al episodio de la Zarza Ardiente. Así, cuando estamos ante un dorado y encendido paso procesional, estamos delante de ese lugar sagrado ante el que tenemos que despojarnos espiritualmente de todo para descubrir la grandeza de ese Dios que todo lo puede. Ese Dios que es el fuego permanente que abre con su plan salvador, caminos de luz entre las tinieblas del mundo.

En la tradición judía, la "Menorá" o candelabro de siete brazos, se asocia, también, a la Zarza Ardiente que visionó Moisés sin consumirse. En seis de los brazos, la tradición judía ve las capacidades siguientes: inteligencia, sabiduría, consejo, poder, conocimiento y temor de Dios. La séptima y más importante de todas es el brazo del centro, donde se sitúa el espíritu permanente de Dios, fuente de amor inagotable. Iconográficamente, la "Menorá" queda, muy visiblemente, representada en la trasera del asiento del sumo sacerdote Caifás, en el paso de misterio de la Hermandad de San Gonzalo.

En este punto podemos hacer una relación entre la "Menorá" o candelabros de siete brazos con los ciriales que anteceden a los pasos procesionales, ya sean de Cristo o de Virgen, entroncando así la tradición judía con la cristiana. Como hemos explicado antes, tanto los pasos procesionales como la "Menorá" se asocian a la Zarza Ardiente. En el caso de los ciriales, que generalmente se sitúan en número de seis, delante de los pasos, este número remite a las capacidades anteriormente descritas de sabiduría, inteligencia, consejo, poder, conocimiento y temor de Dios, siendo, metafóricamente, el séptimo brazo, el central, la imagen de Jesús o de María que preside el paso procesional, pues en estas imágenes, sagradas como la Zarza, se haya el espíritu incombustible y por tanto permanente de Dios, fuente de amor infinito. Sin embargo, conviene apuntar que en otros casos, hay quienes relacionan los seis ciriales de los pasos de Cristo y los seis ciriales de los pasos de Virgen - doce en total -, con los doce apóstoles, al igual que con los doce apóstoles se relacionan los doce varales que sostienen los pasos de palio.

A la izqda.: "La Menorá" en el sillón de Caifás.
Hdad. de San Gonzalo. PA

Pasos incandescentes, metáfora de la Zarza Ardiente.
Paso de palio de Mª Stma. de la Estrella. JJ

Página dcha.: Soledad de San Lorenzo. Pablo Borrallo

Alfa y Omega: Jesucristo Principio y Fin

Una de las iconografías más representativas de la Cristiandad es la de Jesucristo como "Alfa" y "Omega", es decir, como principio y fin de todo lo creado. Tal representación procede del propio Crismón o monograma con el que se representaba a Cristo, formado por la "XP", conjunción de las letras griegas "chi" –X– (letra "C" castellana) y "rho" –P– (letra "R" castellana), que superpuestas en el acrónimo "XP", se traduce en griego como "Kristós –el Ungido– y en latín como "Christus". En muchas ocasiones vemos como el Crismón aparece acompañado de otras letras. Así, de los extremos superiores de la "Chi"(P), caerán dos palitos sobre los que penden las letras griegas "Alfa" y "Omega", que simbólicamente hacen referencia al carácter todopoderoso de Cristo, "principio y fin de todas las cosas", tal y como recogen las Sagradas Escrituras en el Libro del Apocalipsis. Jesucristo, es sin duda el principio y fin último de todo lo creado, camino, verdadera y vida. Quizás, la mayor representación iconográfica del Alfa y Omega la tengamos en una de las túnicas de Jesús del Gran Poder, la gran devoción sevillana, que desde San Lorenzo carga la cruz con el peso de nuestros pecados y siembra con su zancada portentosa la valentía de una vida cristiana ejemplar, que debe guiarnos a la vida eterna. Cada año, al llegar la Madrugá, Jesús del Gran Poder, el dueño de la finito y de lo infinito, el Señor de lo posible y de lo imposible y el sueño de Sevilla hecho madera, por obra y gracia de Juan de Mesa, va abriendo caminos de fe hacia la salvación eterna

Alfa y Omega. JJ

con esa zancada portentosa que simbólicamente guarda el Alfa y Omega de todo.

Igualmente, en un sentido ya más metafórico, el Sábado Santo, también, nos remite al Alfa y Omega. Pero en este caso es otro principio y fin, el del sueño del que Sevilla se niega a despertar. Sábado Santo de desenlace de la función… ese que marca el final de los áureos días. La catequética, evangelizadora, artística y devota teatralización de la Pasión, Muerte y Resurrección de Cristo según Sevilla va a llegar a su fin. *Consumatum est.* Los corazones sevillanos se quedarán apretados en un puño cuando en el horizonte del Aljarafe vean caer un año más el telón del rito. La ilusión del Domingo de Ramos, el "alfa sevillano", da paso a la desilusión que trae aquello que está escrito, el "omega sevillano". La Soledad pondrán rumbo a la catedral de la memoria, abrochando, brillantemente, una tarde tan esplendorosa como sobria. Pálida y desconsolada, sin dilación alguna y como si prisa tuviese, la Señora de San Lorenzo pondrá el epílogo a otra Semana Santa que ya forma parte del pasado. Desde ese momento, toca de nuevo volver a soñar con la espera, con ese "alfa" o principio de todo, esa víspera que acompaña a Sevilla durante el resto del año. Mientras tanto, varias preguntas recortándose como saetas en el aire, ¿muere un sueño con la Soledad? o ¿comienza uno nuevo?. Al fin y al cabo, la Semana Santa de Sevilla es un sueño y los sueños siempre son sueños.

Ntro. Padre Jesús del Gran Poder. SG

El culto a Jesús Sacramentado

Se entiende por hermandades que ostentan el título de "Sacramentales", aquellas corporaciones que devotamente rinden culto de una manera especial al Santísimo Sacramento. El origen de la devoción al Santísimo estuvo en las primeras comunidades cristianas, que celebraban la Eucaristía recordando cómo Jesús partió el pan y el vino. La fiesta del Corpus Christi fue introducida en la Iglesia Católica por el papa Urbano IV en el siglo XIII, que consideraba la Eucaristía como un sacramento instituido por Cristo durante la Última Cena, culto que se reafirmaría durante la celebración del Concilio de Trento (1545-1563).

Guion Sacramental de la Hdad. de la Sagrada Cena. ASC

Detalle de un Guion Sacramental. JJ

En la eclosión del culto a Jesús Sacramentado sería fundamental la enorme labor realizada por la noble dama castellana, Doña Teresa Enríquez de Alvarado (1450-1529), prima del rey Fernando "el Católico" y tía de San Francisco de Borja y San Juan de Ribera. Conocida, popularmente, como la "Loca del Sacramento",

Llamador del paso de Cristo de la Hdad. de Torreblanca. ASC

fundó la Hermandad Sacramental de Torrijos (Toledo), primera de las hermandades sacramentales de España. Hoy día, la Hermandad Sacramental de las Siete Palabras recuerda su memoria con un Guión incluido en el tramo de Virgen de su cortejo procesional cada Miércoles Santo.

Por otro lado, dado que la Liturgia Romana utiliza el color rojo, símbolo del cuerpo y la sangre de Cristo, durante la festividad del Corpus Christi, aquellas hermandades y cofradías de la Semana Santa que ostentan el título de "Sacramental", van a incorporar como elemento distintivo a sus cortejos penitenciales, el color rojo en los cirios que llevarán sus nazarenos en la mayoría de los casos, o en las velas que se colocan sobre los ciriales para alumbrar la presencia de los pasos. Constatamos en la semana mayor hispalense 35 hermandades sacramentales.

Paso de misterio de la Hdad. de la Redención. ASC

Iconográficamente, el recuerdo de Jesús Sacramentado, mediante el pan y el cáliz, se hace presente en el misterio de la Hdad. de la Sagrada Cena. Igualmente, a modo de ejemplos, la alusión al misterio eucarístico por medio de la Custodia se hace presente de la siguiente manera:

Respiraderos del paso de palio de la Hdad. de Pasión. PA

-Guiones Sacramentales: Hermandades de La Paz, La Cena, San Roque, Santa Marta, Cerro del Águila, Pasión y San Isidoro.

-Capilla delantera de los pasos de misterio de Ntro. Padre Jesús de la Redención (Hdad. de la Redención) y del Stmo. Cristo del Desamparo y Abandono (Hdad. del Cerro del Águila).

-Respiraderos del palio de Ntra. Sra. de la Merced (Hdad. de Pasión).

-Llamador del paso de misterio de Ntro. Padre Jesús Cautivo (Hdad. Torreblanca), misterio de la Sagrada Cena, Stmo. Cristo de la Sangre (Hdad. de San Benito) y Stmo. Cristo de la Exaltación (Hdad. de Los Caballos).

-Cartelas: Paso de misterio del Stímo. Cristo de la Buena Muerte (Hdad. de la Hiniesta), palio de Ntra. Sra. de Gracia y Amparo (Hdad. Los Javieres) y paso de Ntro. Padre Jesús de la Salud (Hdad. de la Candelaria).

Cartela del paso de Cristo de la Hdad. de la Candelaria. FJP

Guion Sacramental de la Hdad. de Santa Marta. PA

Por último, conviene apuntar, por su alusión a Jesús Sacramentado, que las espigas de trigo que porta la Stma. Virgen de Regla (Hdad. de los Panaderos) aluden al emblema eucarístico del Cuerpo de Cristo. Igualmente, es notable la escultura decorativa del Arcángel Eucarístico, realizado por Francisco Buiza, que procesiona en la delantera del paso del Santísimo Cristo de la Sangre (Hdad. de San Benito).

La Santísima Trinidad

El Misterio de la Santísima Trinidad es un dogma de la Iglesia Católica que afirma que Dios es Uno y Trino, es decir, que es un ser único con una triple existencia: Padre, Hijo y Espíritu Santo. Para la Iglesia Católica, el Padre, el Hijo y el Espíritu Santo es un solo Dios, es decir, tres personas distintas en un único Dios verdadero. Históricamente, fue Tertuliano, uno de los Padres de la Iglesia, quien en el siglo III d.C utilizó por primera vez el término "Trinitas" (Trinidad). La definición de tres en uno sería establecida, primero en el Concilio de Nicea del año 325 d.C y posteriormente en el Concilio de Constantinopla en el año 381 d.C, siendo ratificada en el Concilio de Calcedonia del año 451 d. C.

Cartela del paso del Stmo. Cristo de las Cinco Llagas. Hdad. de la Trinidad. ASC

Llamador paso de palio de la Hdad. del Polígono de San Pablo. ASC

Así pues, al ser dogma de fe definido en concilios celebrados en Oriente, la Iglesia Católica entiende que el Dogma de la Santísima Trinidad es un punto de unión y comunión con las iglesias orientales.

En la Semana Santa de Sevilla, es la Hdad. de la Santísima Trinidad la que recoge de una manera específica este dogma de fe en una de las advocaciones a las que rinde culto. Un dogma recogido en una alegoría, que la Hermandad de la Trinidad recuperó para la Semana Santa en el año 1994, mediante el paso de misterio del Sagrado Decreto, que junto al del Triunfo de la Santa Cruz, vulgo la *Canina* (Hdad. del Santo Entierro), es el único paso de misterio alegórico de cuantos procesionan por las calles de la ciudad. El paso del Sagrado Decreto es la representación simbólica del misterio de la Santísima Trinidad, siendo en su conjunto una alegoría bastante compleja que, tanto iconológica como iconográficamente, conviene

Gloria del paso de palio de la Hdad. de la Trinidad. ASC

La Stma. Trinidad en la Gloria del paso de palio de la Hdad. del Duclce Nombre. FJP

definir. Así, por encima de otros consideraciones, dicho paso procesional simboliza la presencia de Dios, Uno y Trino, es decir la Santísima Trinidad. Iconográficamente vemos como en el Sagrado Decreto se anuncia la decisión de Dios de enviar a la tierra a su hijo Jesucristo para redimir a los hombres de los pecados y conseguir su salvación eterna. Por ello Dios Hijo aparece soportando sobre su hombro la cruz que está dispuesto a llevar por medio del martirio que anuncian sus llagas. Una cruz que apoya sobre la bola del Mundo, en claro testimonio de la humanidad a quien va dirigida el plan salvífico del Padre. Timbra esa es-

Detalle del paso del Sagrado Decreto. Hdad. de la Trinidad. PA

cena central la presencia de una Paloma con las alas abiertas que desprende tres rayos, que simbolizan la triada divina: el Padre, el Hijo y el Espíritu Santo.

En términos generales, la iconografía de la Santísima Trinidad queda ampliamente, recogida en la Semana Santa de Sevilla, sírvanos como ejemplos el llamador plateado del paso de Ntra. Sra. del Rosario (Hdad. del Polígono de San Pablo), la cartela delantera de la canastilla de los pasos de misterio de Ntro. Padre Jesús Cautivo y Rescatado (Hdad. del Polígono de San Pablo), Ntro. Padre Jesús de la Paz (Hdad. del Carmen Doloroso) y del Stmo. Cristo de las Cinco Llagas (Hdad. de la Trinidad), la capilla del respiradero delantero del paso de palio de Ntra. Sra. de las Angustias (Hdad. de Los Gitanos) y las glorias de los pasos de palio de Ntra. Sra. del Dulce Nombre (Hdad. de la Bofetá) y Ntra. Sra. de la Esperanza (Hdad. de la Trinidad).

Cartela del paso de Cristo de la Hdad. del Polígono de San Pablo. PA

La Stma. Trinidad en el paso de palio de la Hdad. de los Gitanos. PA

Paso del Sagrado Decreto. Hdad. de la Trinidad. PA

Eros y el ángel asaeteador del Sagrado Decreto

Si nos detenemos a realizar una descripción iconográfica del paso de misterio del Sagrado Decreto de la Hermandad de la Santísima Trinidad, vemos que en él se representa el instante en el que Dios decide enviarnos a su Hijo para que, por medio de su dolorosa Pasión, la humanidad sea redimida. Un paso de misterio que recoge, sobre un trono de nubes, la alegoría de la Santísima Trinidad, ese Dios, Uno y Trino que queda representado en las imágenes de Dios Padre (anónimo, siglo XVII), Dios Hijo (Emilio Pizarro, 1913) y Dios Espíritu Santo, representado en la Paloma (José Antonio Bravo García), que se coloca entre ambos, timbrando el trono de la triple deidad.

Junto a esa imágenes, en este paso de misterio tienen cabida varias imágenes secundarias de claro matiz alegórico como la Fe, vestida de blanco y con los ojos vendados, sosteniendo en sus manos la Cruz redentora de Cristo y el cáliz de la Pasión. Junto a ella aparece una figura femenina a la derecha de Jesús en actitud dormida y sosteniendo un templo. Se trata de la alegoría de la Iglesia sobre la que Jesús edifica el plan de Dios, apareciendo, al tiempo, bajo el costado de Cristo del que emana agua, en claro símbolo de que es el sacramento del Bautismo el que desde nuestro nacimiento nos acerca a Dios por medio del Espíritu Santo. Juegan un papel notorio en la composición del misterio la presencia de otros cuatro personajes secundarios, los Santos Padres de la Iglesia: San Gregorio, San Ambrosio, San Agustín y San Jerónimo. Su presencia en el paso son alegoría pura de que es la sabiduría de estas personas de Dios la que sirve a la Iglesia para explicar mejor el plan divino. Junto a ellos destaca el arcángel San Miguel hiriendo con su lanza a un dragón, en claro testimonio del triunfo del bien sobre el mal que encarna el pecado. Cierra el conjunto escenográfico un pequeño ángel, que representa el Amor Divino y que aparece lanzando un dardo sobre el corazón de Cristo, que igualmente con amor, acepta el sacrificio de redimir al Mundo, es el ángel asaeteador.

Detalle del ángel asaeteador en el paso del Sagrado Decreto de la Hdad. de la Trinidad. FJP

Un angel asaeteador cuya iconografía, por ser símbolo del Amor Divino, los imagineros la han querido rastrear en la antigua Mitología Griega, sirviéndoles como modelo para su representación el pequeño Eros, hijo de Afrodita, diosa del amor, también llamado Cupido en la Mitología Romana. La Mitología presenta a Eros como un niño pequeño con dos alas que se divierte lanzando flechas de amor, siendo considerado como el dios del amor, con todo lo que ello conlleva de emoción y sufrimiento. Históricamente, la adoración a Eros no fue grande en la Grecia antigua, sin bien, con el tiempo llegaría a extenderse, llegando a tener en Atenas un culto bastante popular. Andando el tiempo, cuando en el Imperio Romano se impuso el Cristianismo, la festividad de Cupido sería eliminada, y sustituida por la de "San Valentín", fiesta que acabaría eliminándose.

Dcha.: Ángel asaeteador. Hdad. de la Trinidad.
FJP

El Espíritu Santo

Pentecostés. Paso de palio de la Hdad. de los Gitanos. ASC

En la teología cristiana, el Espíritu Santo, también llamado Espíritu de Dios, Espíritu de Verdad o Paráclito, es una realidad espiritual que ha estado sujeta a numerosas interpretaciones y a la que se alude en muchos pasajes bíblicos, como en Lucas 1: 35, que dice "*El espíritu santo de Dios es su poder o fuerza en acción*" o en el Salmo 104: 30; 139:7 ", que señala que "*...cuando Dios envía su espíritu, proyecta o dirige su energía hacia un lugar en concreto para que se cumpla su voluntad* ". Así, el Catecismo de la Iglesia Católica considera al Espíritu Santo como una persona divina, concretamente, la tercera persona, junto a Dios

Llamador del paso de palio de la Hdad. de la Redención. ASC

Gloria del paso de palio de la Hdad. del Valle. PA

Llamador del paso de palio de la Hdad. de San Benito. PA

Padre y Dios Hijo, que conforman el Misterio de la Santísima Trinidad, según la verdad revelada por Jesús en la buena noticia de la Salvación.

El Espíritu Santo está presente desde los comienzos de la Cristiandad, pues será a través del Espíritu Santo como se produzca la Encarnación del Hijo de Dios en el vientre inmaculado de la Santísima Virgen María. Igualmente, siendo el último de las tres personas que conforman la Santísima Trinidad, el Espíritu Santo, mediante la gracia que Dios derrama, es el que nos despierta en la fe por medio del Bautismo y nos abre el camino hacia la vida eterna por medio de la Eucaristía.

Históricamente, el Espíritu Santo, de una manera simbólica, ha sido asociado al agua, la unción (óleo), el fuego, las nubes y la luz, las manos y la paloma, siendo éste último el elemento más utilizado por la iconografía cristiana, valiéndose del episodio de la vida de Cristo en el que al recibir el Bautismo, el Espíritu Santo descendió sobre él en forma de paloma.

Cada Domingo de Ramos, en el primer paso de la Hermandad de la Sagrada Cena, vemos como Dios hace que se derrame la gracia del Espíritu Santo sobre el misterio de la Eucaristía para convertir el pan y el vino, a través de la transustanciación, en el cuerpo y la sangre de Cristo. Es por tanto el Espíritu Santo el artífice del misterio eucarístico con el que conmemoramos la presencia entre nosotros de

Pentecostés representado en los respiraderos del paso de palio de la Hdad. del Dulce Nombre. FJP

Jesús Resucitado. Por ese rocío, por esa gracia que derrama el Espíritu Santo, el amor de Dios queda derramado sobre nuestros corazones. En la Semana Santa de Sevilla, además de en las heráldicas de distintas hermandades y enseres varios, la iconografía del Espíritu Santo aparece reflejada en la imagen de la Paloma que timbra el trono de deidad del misterio del Sagrado Decreto (Hdad. de la Trinidad), en las glorias de los pasos de palio de Ntra. Sra. de la Paz, Ntra. Sra. del Rocío (Hdad. de la Redención) y María Santísima del Valle (Hdad. del Valle), en los llamadores de los pasos de palio de Ntra. Sra. del Rocío (Hdad. de la Redención) y de Ntra. Sra. de la Encarnación (Hdad. de San Benito) y en diversas cartelas de distintos pasos donde se recoge la escena de Pentecostés.

Gloria del paso de palio de la Hdad. de la Redención. SG

Gloria del paso de palio de la Hdad. de la Paz. FJP

Paso del Sagrado Decreto. Hdad. de la Trinidad. PA

El Sagrado Corazón de Jesús

Una de las grandes devociones crístíferas de la Cristiandad es, sin lugar a dudas, el culto al Sagrado Corazón de Jesús, una devoción medieval relacionada con el culto a las Cinco Llagas, asentada en los escritos de las santas Matilde de Hackborn y Gertrudis de Helfta y de la beata Ángela de Foligno. Sin embargo, pese a que el introductor de este culto fue San Juan Eudes, quien en 1668 compuso el *Oficio del Sagrado Corazón*, y poco después, *La Dévotion au coeur adorable de Jesús*, la representación que llega a nuestros días procede de las visiones de Santa Margarita María Alacoque en el siglo XVII, quien instituyó el culto al Sagrado Corazón de Jesús. En esas visiones, la santa oyó a Jesús diciéndole que quienes oraran, devotamente, a su Sagrado Corazón, alcanzarían grandes gracias de Dios, dejándole una frase, "*Mi Corazón reinará a pesar de mis enemigos*"', que la Iglesia recuerda al llegar la celebración de su solemnidad, el viernes posterior al segundo domingo después de Pentecostés. A raíz de esas visiones, la devoción al Sagrado Corazón se propagó a ritmos agigantados, gracias, sobre todo, a los miembros de la Compañía de Jesús. Gracias a los Jesuitas, la devoción al Sagrado Corazón aparecerá ya asentada en la España del siglo XVIII, hasta el punto que en la segunda mitad del siglo XIX, por mandato de Carlos María de Borbón y Austria-Este, pretendiente carlista al trono español, el Sagrado Corazón fue incorporado, efímeramente, al escudo de España. Igualmente, tanto Carlos María de Borbón como el rey Alfonso XIII realizaron, públicamente, la consagración de España al Sagrado Corazón. Ya en el siglo XX, durante el transcurso de la Guerra Civil Española, los soldados van a llevar fieltros con el Sagrado Corazón prendidos a sus ropas, en el convencimiento de que detenía las balas enemigas, siendo desde entones conocidos como "Detentes". En ese siglo, además, habría una proliferación de instituciones que llevarán el nombre del Sagrado Corazón, entre ellas congregaciones religiosas, escuelas, hospitales, parroquias, movimientos religiosos, etc.

Sagrado Corazón en el paso de palio de la Hdad. de las Siete Palabras. JJ

Bambalina frontal del paso de palio de la Hdad. de las Siete Palabras. ASC

Cartela del paso de Cristo de la Hdad. de las Siete Palabras. JJ

Iconográficamente se presenta el Sagrado Corazón rodeado de una corona de espinas, unas llamas y una cruz. La corona de espinas alude a los sufrimientos que Cristo experimentó por nuestros pecados. Las heridas provocadas por la corona de espinas remiten, simbólicamente, a que Jesús mantiene su corazón abierto a la humanidad. Sobre la parte superior aparecen una llamas, representativas del fuego ardiente de la caridad, es decir, el inmenso amor de Cristo. Por último, timbra la iconografía la Cruz redentora, que remite, claramente, al triunfo del plan salvador de Dios, el triunfo de la vida sobre la muerte.

En la Semana Santa de Sevilla, el Sagrado Corazón lo vemos formando parte del escudo de la Hermandad de las Siete Palabras, de cuya corporación es titular. Consiguientemente, aparece distribuido por numerosos de sus enseres, si bien cabe resaltar la cartela frontal de la canastilla del paso de misterio del Stmo. Cristo de las Siete Palabras (Felipe Martínez, 1682) y la bambalina frontal del palio de Ntra. Sra. de la Cabeza. Históricamente, la Hermandad de las Siete Palabras contó desde fines del siglo XIX con un paso alegórico dedicado al Sagrado Corazón, que por motivos económicos, nunca llegó a procesionar. Un paso en el que quedaba representado el Sagrado Corazón rodeado por los Padres de la Iglesia (San Agustín, San Ambrosio de Milán, San Jerónimo y San Gregorio Magno) y por dos ángeles, uno de ellos convertido, posteriormente, en la actual imagen de Nuestra Señora de la Cabeza por Manuel Escamilla en 1956.

Los Dogmas de la Iglesia

Los dogmas son verdades que la Iglesia Católica reconoce como absolutas, inefables, irrevocables e incuestionables. Verdades sobre las que los cristianos no hemos de albergar ninguna duda y que forman parte de nuestra fe y de la Doctrina de la Iglesia. Existen Dogmas sobre Dios, Dogmas sobre Jesucristo, Dogmas sobre la creación del mundo, Dogmas Marianos, Dogmas sobre el Papa y la Iglesia, Dogmas sobre los Sacramentos y Dogmas sobre las últimas cosas. Así, como parte sustancial del Catecismo de la Iglesia Católica, los Dogmas no han escapado a una interpretación iconográfica en la Semana Santa de Sevilla, reincidiendo en que ésta se

La Fe representada en el llamador del paso de palio de la Hdad. de las Penas de San Vicente. PA

Principio y Fin. Ntro. Padre Jesús del Gran Poder. JJ

conforma desde finales del siglo XVI al amparo de afanes catequéticos y evangelizadores. Los Dogmas de la Iglesia Católica que tienen una representación iconográfica e iconológica en la Semana Santa de Sevilla son los siguientes:

(Dogmas sobre Dios)

—*La Existencia de Dios como Objeto de Fe* (Dios es objeto de fe sobrenatural). Esa Fe aparece en el misterio del Sagrado Decreto de la

La Trinidad en el paso de misterio de la Hdad. del Carmen Doloroso. FJP

Hdad. de la Trinidad y humanamente representada en el cortejo de la Hdad de Montserrat.

—*Dios es Eterno* ("Dios no tiene principio ni fin"; Salmo 90:2). Alegóricamente podemos verlo en las distintas representaciones iconográficas del "Alfa" y "Omega" que hacen alusión a Cristo como principio y fin de todo lo creado, por ejemplo en una de las túnicas de Jesús del Gran Poder.

—*Existencia de la Santísima Trinidad* (En Dios hay tres personas: Dios Padre, Hijo y Espíritu Santo; Juan 5:7-8). Este dogma queda recogido en el misterio del Sagrado Decreto de la Hdad. de la Trinidad.

(Dogmas sobre Jesucristo)

—*Jesucristo es el verdadero Dios e Hijo de Dios*. Podemos verlo respresentado en el misterio de San Gonzalo, cuando el Sumo Sacerdote Caifás pregunta a Jesús si es el Hijo de Dios, y éste le responde "Ego Sum" ("Yo soy").

Nuestro Padre Jesús en su Soberano Poder ante Caifás. PA

Inscripción en la peana de Nuestro Padre Jesús en su Soberano Poder ante Caifás. ASC

Jesucristo. Paso del Sagrado Decreto. Hdad. de la Trinidad. PA

—*Jesucristo, además de hombre, es el Hijo natural de Dios* ("El Padre celestial cuando llegó a la plenitud, envió a los hombres su Hijo, Jesucristo") Este dogma queda recogido en el paso de misterio del Sagrado Decreto de la Hdad. de la Trinidad.

—*Cristo nos rescató y reconcilió con Dios por medio del sacrificio de su muerte en la cruz*. Dogma representado en cualquiera de los crucificados de la Semana Santa de Sevilla.

Stmo. Cristo de Burgos. FJP

—*Al tercer día después de su muerte, Cristo resucitó glorioso de entre los muertos*. Dogma representado en el paso de misterio de la Hdad. de la Resurrección.

(Dogmas Marianos)

—*Inmaculada Concepción, Perpetua Virginidad de María, María como Madre de Dios y Asunción de María*. Aparecen representados de manera diversa en nuestra Semana Santa. Ya descritos en el capítulo "Dogmas Marianos" del segundo bloque de este libro.

Sagrada Resurrección de Ntro. Señor Jesucristo. PA

Misterio de la Sagrada Cena. JJ

(Dogmas sobre los sacramentos)

– *La Eucaristía es un verdadero Sacramento instituido por Cristo* ("Aquél que coma mi carne y beba mi sangre tendrá vida eterna"; Juan 6: 51-59). Aparece representado en el paso de misterio de la Hermandad de la Sagrada Cena y en la heráldica, enseres y pasos procesionales de las distintas hermandades penitenciales que en sus títulos de sacramentales, rinden culto a Jesús Sacramentado.

Las Virtudes Teologales

Los dones que Dios otorga a la inteligencia y a la voluntad de los hombres con el fin de dirigir sus acciones hacia él mismo, son considerados por la Iglesia Católica como las "Virtudes Teologales". Éstas se establecen en tres: Fe, Esperanza y Caridad. Virtudes que Dios nos entrega al recibir el sacramento del Bautismo y que son citadas a menudo en el Nuevo Testamento, particularmente en la Primera Carta de San Pablo a los Corintios.

Artísticamente, dada su importancia, las Virtudes Teologales han sido representadas a lo largo de la historia de manera muy profusa tanto en la pintura como en la escultura, a través de alegorías, es decir, mediante conceptos abstractos que se valen de los símbolos para representar esos valores o virtudes. Desde un punto de vista, meramente, iconográfico, la Fe se representa como una sacerdotisa vestida de blanco con los ojos vendados, recordándonos que la Fe es ciega, sosteniendo en su mano derecha un Cáliz, símbolo de la Sangre de Cristo derramada, y en su mano izquierda una Cruz, símbolo del mayor testimonio de Fe para los cristianos, aquella que redime los pecados y lleva a la salvación. Como virtud teologal, la Fe está presente en diversos pasos procesionales de la Semana Santa de Sevilla, como por ejemplo el llamador del palio de Nuestra Señora de los Dolores (Hermandad de las Penas de San Vicente), el llamador del paso del Cristo de la Fundación (Hermandad de los Negritos) o en la parte trasera de la canastilla de plata de Nuestro Padre Jesús de Pasión, junto a los angelitos que sostienen su cruz. Sin embargo, por su importancia, cabe destacar la presencia de una alegoría de la Fe en el paso de misterio de la Hermandad de la Trinidad y

La Fe. Paso del Sagrado Decreto. Hdad. de la Trinidad. ASC

Ntra. Sra. de la Esperanza de Triana. JJ

La Caridad en la gloria del paso de palio de la Hdad. del Baratillo. ASC

sobre todo la representación humana de ésta que coloca en su cortejo procesional la Hermandad de Montserrat.

Por su parte, la virtud de la Esperanza, que se representa como una joven vestida de verde sosteniendo un ancla, queda recogida en las advocaciones de cuatro vírgenes dolorosas de Sevilla. A decir, Nuestra Señora de Gracia y Esperanza (Hdad. de San Roque), Nuestra Señora de la Esperanza Macarena, Nuestra Señora de la Esperanza (Hdad. de la Esperanza de Triana) y Nuestra Señora de la Esperanza (Hdad. de la Trinidad). Metafóricamente, se considera la quinta esperanza de Sevilla a Nuestra Señora de la O, remitiendo su advoca-

Paso de palio de la Hdad. de la Macarena. PA

Gloria del paso de palio de Ntra. Sra. de la Esperanza Macarena. FJP

ción a la festividad de la Esperanza o de la Expectación, que la Iglesia Católica celebra cada 18 de diciembre.

Finalmente, la Caridad, iconográficamente representada como una madre cuidando de tres niños pequeños y amamantando a uno de ellos, simbolizando ese amor sin el que las otras dos virtudes teologales, Fe y Esperanza no tendrían sentido, aparece semánticamente recogida en las advocaciones del Santísimo Cristo de la Caridad (Hdad. de Santa Marta) y de Nuestra Señora de la Caridad (Hdad del Baratillo) e iconográficamente representada en la gloria del palio de Ntra. Sra. de la Caridad (Hdad. del Baratillo).

Conjuntamente, Fe, Esperanza y Caridad aparecen, iconográficamente, representadas en el llamador del paso de palio de Nuestra Señora de las Mercedes (Hdad. de Santa Genoveva) y en la gloria que preside el techo se palio de Nuestra Señora de la Esperanza Macarena. Al tiempo, las tres Virtudes Teologales quedan representadas por separado en los varales del paso de palio de María Santísima de la Amargura (Hdad. de La Amargura), en los respiraderos y tres de los basamentos de los varales del paso de palio de Nuestra Señora de la Palma (Hdad. del Buen Fin) y en los basamentos de los varales maestros del palio de Nuestra Señora de la Esperanza de Triana.

Históricamente, la Hdad. de la Hiniesta desde 1885 contó con una alegoría del Triunfo de la Santa Cruz, conocido en algunos documentos como el "Triunfo de la Fe", que estuvo procesionando entre 1906 y 1910. Un paso donde quedaban representadas la Fe, la Esperanza y la Caridad, obras de Vicente Luis Hernández Couquet, rodeadas de los cuatro evangelistas.

Fe, Esperanza y Caridad en el palio de la Hdad. de Santa Genoveva. PA

Mª Stma. de la Caridad en su Soledad. Hdad. del Baratillo. JJ

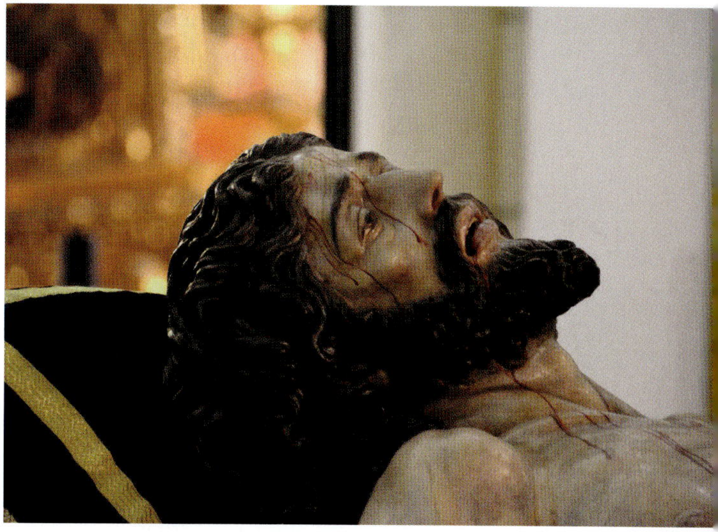

Cristo de la Caridad. Hdad. de Santa Marta. PA

Las Virtudes Cardinales

El Catecismo de la Iglesia Católica entiende por "Virtudes Cardinales", aquellos modelos de conducta que desde la bondad y la honestidad permiten obrar a los cristianos a la luz de la fe. La Iglesia establece la existencia de cuatro "Virtudes Cardinales", también llamadas "Virtudes Morales", que son la Prudencia, Fortaleza, Templanza y Justicia. Virtudes que se desarrollan a partir de la Edad Media gracias a los Padres de la Iglesia, pero que hunden su origen en la rama filosófica, siendo Platón en su conocida obra "La República" el primero en describir estas cuatro virtudes principales del ser humano. Tras él, Cicerón, Marco Aurelio, Gregorio Magno y Santo Tomás de Aquino ahondaron en lo significativo de las mismas. Así, pronto la iconografía cristiana se fijó en la Prudencia, Fortaleza, Justicia y Templanza para su representación alegórica en la pintura y en la escultura, apareciendo desde la Edad Media unidas a las Virtudes Teologales, que al sumarse con éstas y dar el número de siete, se situaban en contraposición a los Siete Pecados Capitales. Si embargo, a partir del Renacimiento, las Virtudes Cardinales van a representarse en la iconografía cristiana, separadamente de las Virtudes Teologales.

Iconográficamente, la Prudencia va a ser encarnada por un mujer con dos caras mirándose a un espejo que sostiene en una mano, mientras en la otra aparece enrollada una serpiente. Una iconografía que remite, simbólicamente, a la capacidad de pensar antes de actuar, pues las personas mirándose al espejo toman las decisiones desde el conocimiento de sí mismas. También puede llevar un yelmo dorado, símbolo de las decisiones armadas de buenos consejos, y un ciervo, animal al que se asocia la cualidad de la prudencia. De otro lado, la Fortaleza viene representada por un mujer vestida con armadura, apoyada sobre una columna y con un león a los pies, atributos todos de poder y fuerza, que remi-

Fortaleza, Justicia, Prudencia y Templanza representadas en las cartelas del paso del Stmo. Cristo de la Buena Muerte. Hdad. de la Hiniesta. PA te simbólicamente a la capacidad de mantenerse fuerte ante las adversidades de la vida. La Templanza, por su parte, ha sido objeto de numerosas representaciones, alusivas, en todo caso, a la moderación, el dominio de las pasiones y el equilibrio entre pensamiento y la acción, siendo las más aceptadas, las representaciones en las que aparece una mujer vertiendo agua desde un jarro, o sosteniendo una copa, una cítara, un freno, un bocado de caballo o un reloj de arena. Finalmente la Justicia se representa en una joven mujer vestida de blanco, que sostiene en una mano una espada y en la otra una balanza en la que se pesan las buenas y las malas acciones.

En la Semana Santa de Sevilla, las Virtudes Cardinales aparecen, alegóricamente, representadas en cuatro de las cartelas laterales de la canastilla del paso del Stmo. Cristo de la Buena Muerte (Hdad. de la Hiniesta) y en los respiraderos del paso de palio de Ntra. Sra. de los Ángeles (Hdad. de Los Negritos). Igualmente, Prudencia, Fortaleza, Templanza y Justicia se manifiestan, claramente, en las actitudes de Jesús. La Templanza podemos verla representada en el misterio de la Hdad. de Monte-Sión, que recoge el momento en el que Jesús en el Huerto de los Olivos manifiesta un total equilibrio entre pensamiento y acción y se da por completo a la voluntad del Padre. La Prudencia la podemos ver representada en el paso de misterio de la Hdad. de la Amargura, cuando, Jesús, burlado y tomado por loco, guarda silencio ante el Desprecio de Herodes. Por su parte, la Fortaleza podemos, simbólicamente, verla representada en

Fortaleza, Justicia, Prudencia y Templanza representada en los respiraderos del paso de palio de la Hdad. de los Negritos. PA

las imágenes de Jesús con la Cruz al hombro, que en un acto de suprema valentía y gran poder, decide cargar con los pecados de la humanidad, guiándola a la Salvación. Por último, la Justicia podemos verla representada en el paso de misterio de la Hdad. del Cerro del Águila, cuando Longinos reconoce a Jesús como el "Verdadero Hijo de Dios".

Bestiario de Cristo

Pelícano del paso del Stmo. Cristo del Amor. JJ

Pelícano en el paso de Cristo de la Hdad. de El Silencio. FJP

Desde los primeros tiempos de la Cristiandad, a Jesucristo se le va a asociar con determinados emblemas y alegorías. El simbolismo va a estar muy presente entre las primeras comunidades de cristianos perseguidos para esconder el abrazo a la nueva religión, al menos hasta el siglo IV, momento en el que el emperador Constantino "el Grande ", mediante el Edicto de Milán, promulga la libertad de culto en el Imperio Romano. Pese a que el Cristianismo deja de ser perseguido a partir del año 313 d. C, la iconografía cristiana, muy movida por los escritos de los Padres de la Iglesia, amparados en los textos bíblicos, va a seguir asociando a Jesús a determinados símbolos, particularmente los que tienen que ver con el mundo animal, es lo que se da en llamar el Bestiario de Cristo.

Pelícano del paso del Gran Poder. JJ

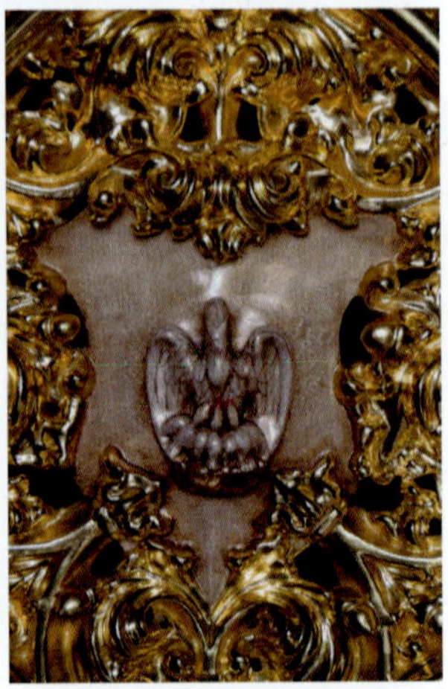

Pelícano del paso de la Sagrada Lanzada. FJP

En la Semana Santa de Sevilla, muchas son las representaciones que asocian a Cristo con el mundo animal. Comenzando por el Domingo de Ramos, vemos como en el paso del Stmo Cristo del Amor (Hdad. del Amor), se sitúa a sus pies la imagen de un pelícano blanco que se abre con su pico el pecho para dar de comer a sus tres crías. Es el conocido "Pelícano del Amor", una imagen que expresa el sacrificio completo que hace de sí mismo por amor a sus crías, por lo que en la simbología cristiana podemos interpretarlo así: el pelícano simboliza a un Jesucristo que se abre el pecho y derrama su propia sangre para la salvación del mundo. Alimento, cuerpo y

Águila bicéfala. Paso de Nuestro Padre Jesús del Gran Poder. JJ

Águila bicéfala. Paso de Ntro. Padre Jesús de la Divina Misericordia. Hdad. de las Siete Palabras. JJ

sangre, que nos deja en la Eucaristía a través del misterio de la transustanciación cuando participamos del pan y el vino.

Otro animal recurrente al que se va a asociar al Hijo de Dios, serán las Águilas Bicéfalas, que aparecen, notablemente, representadas en las esquinas de los pasos procesionales del Nazareno de la Divina Misericordia (Hdad. de las Siete Palabras), Stmo. Cristo del Calvario y Ntro. Padre Jesús del Gran Poder.

Históricamente, la aparición del Águila de dos cabezas o bicéfala hundirá sus orígenes en la cultura Hitita, si bien sería a través del Arte Bizantino cuando llegue a la cultura

León de Judá en el llamador del paso de palio de la Hermandad del Silencio. ASC

occidental ya en la Edad Media, presentando unos orígenes bizantinos. Así, la dinastía Paleólogo, que reinó en Constantinopla entre los siglos XIII y XV, utilizaba en su emblema un águila bicéfala a la que acompañaba la leyenda "*Basileon, Basileuon Basileuonton,* que se traduce como "*Rey de reyes, que reina sobre los que reinan*". Desde ese periodo, a ese tipo de Águila Bicéfala se le asociarían los atributos de poder y superioridad, siendo el punto de integración del Imperio Romano de Oriente y el Imperio Romano de Occidente, ésto es, de la cultura oriental y la occidental. Al tiempo se asocia a Jesús por sus atributos de fuerza y poder, ese poder que como el águila desciende desde lo alto para matar reptiles, entre ellos, la serpiente del pecado.

De otro lado, Jesús es asociado con el León porque procedía de la Tribu de Juda, una de las doce tribus asentadas en Israel tras el éxodo judío, de cuya estirpe, al igual que Jesús, nacerían el rey David y el rey Salomón. Una tribu asentada en las inmediaciones de

Cordero Místico. Paso de palio de la Hdad. de los Javieres. FJP

Jerusalén, que tenía a Belén como uno de sus principales enclaves, tribu que tendría como emblema la imagen de un León. Así, desde la Edad Media a Jesús se le va a llamar "León de Judá", si bien dese el siglo XVII, la teología va a llamarlo "Cachorro de León de Judá". Esta asociación Jesús-León se hace presente en la advocación del Stmo. Cristo de la Expiración (Hdad. del Cachorro), popularmente, conocido como el "Cachorro de Triana". Y es que si a Dios se le asocia con al León, por los atributos de realeza, fuerza y el poder, el Hijo de Dios es el hijo del León, por tanto el Cachorro. Iconográficamente, el león aparece representado en los llamadores de los pasos de palio de María Stma. del Valle (Hdad. del Valle) y María Stma de la Concepción (Hdad. de El Silencio); y en el llamador de la Urna del Santo Entierro.

Por su parte, la serpiente, también, se va a asociar con Cristo, tomándose esa asociación del pasaje bíblico de Moisés y la elevación de la serpiente de bronce. Un pasaje que dice que

Cruz de guía de la Hdad. del Sol. FJP

tras el enfado del pueblo judío por las tribulaciones pasadas en el desierto durante el Éxodo, Dios en señal de castigo mandó serpientes desde el cielo para que los mataran. La intercesión de Moisés haría que Dios le encargara que clavara un serpiente en una cruz para que todo aquel que hubiera sido mordido se salvase. Para explicarlo, podemos valernos de las propias palabras pronunciadas por Jesús y recogidas en los textos bíblicos que dice que "*el Hijo de Dios ha de ser elevado para que todo el que lo mire se salve*". Así, la elevación de Jesús a la cruz, representada en el paso de misterio de la Hermandad de la Exaltación, recoge esa asociación entre Jesús y la serpiente que salva al mirarla, al igual que el escudo heráldico de la Hermandad del Sol, donde una serpiente se enrosca a la cruz.

Por último, muy recurrente en la iconografía cristiana es la asociación Cristo con dos animales. De un lado el pez, que procede del latín "Ichtus", abreviatura de las palabras "ησοῦς Χριστὸς Θεοῦ Υἱὸς Σωτὴρ", que se traduce como "Jesucristo, Hijo de Dios, Salvador"; y de otro, el Cordero Místico, dado que Jesús es el sacrificio que Dios entrega en la Pascua para la salvación del mundo. Los símbolos del pez y del cordero místico aparecen representados en la Semana Santa de Sevilla de manera muy diversa en pasos e insignias varias, destacando el Cordero Místico del llamador del paso de palio de Nuestra Señora de Gracia y Amparo (Hdad. de Los Javieres).

Página dcha.: Stmo. Cristo de la Expiración "El Cachorro". SG

El Tetramorfos

El "Tetramorfos" (Cuatro Formas) del griego "tetra" (*cuatro*) y "morphe" (*forma*), es la representación iconográfica de un conjunto formado por cuatro elementos. La Teología Cristiana entiende que esos cuatro elementos son cuatro seres, tres con forma animal y uno con forma humana, que forman parte de la corte celestial y que se sitúan alrededor del trono de Dios, con la función de glorificarlo y alabarlo. Su descripción está, íntimamente, ligada a los textos bíblicos, siendo tomada de una de las visiones que tuvo el profeta Ezequiel, recogidas en el Antiguo Testamento, que dice así: "*Y tenía cada uno cuatro caras. La primera cara era la cara de un querubín, la segunda, la cara de un hombre, la tercera, la cara de un león y la cuarta, la cara de un águila*" (Ezequiel 1:14); y también, del Libro del Apocalipsis 4:7, donde se dice lo siguiente: "*El primer ser viviente era semejante a un león; el segundo ser era semejante a un becerro; el tercer ser tenía el rostro como el de un hombre, y el cuarto ser era semejante a un águila volando*".

Desde la Edad Media, los Padres de la Iglesia, muy particularmente, San Jerónimo, van a asociar el Tetramorfos, alegóricamente, con los cuatro Evangelistas, apareciendo desde entonces en las representaciones de éstos a modo de atributos, lo que se convertiría en una constante dentro de la iconografía cristiana, tanto pictórica como escultórica. Así, el hombre alado o querubín se va a asociar a San Mateo al entenderse que su Evangelio es el que se centra más en la humanidad de Cristo, insistiendo en su figura como el Mesías y Rey de los Judíos. El León va a identificarse con San Marcos pues su Evangelio se centra en el poder y la majestad de Jesús, procedente de esa Tribu de Judá que tiene por emblema a un León. Por su parte a San Lucas se le va a asociar el Buey, al centrarse sus textos en el carácter de sacrificio que tuvo la muerte de Cristo, que como el buey tuvo que cargar con paciencia, mansedumbre y fuerza con una pesada carga. Finalmente, el Águila se va a identificar con San Juan por el valor de sus escritos, cuyos pensamientos y revelaciones, manifestadas en el Libro del Apocalipsis, proceden de lo alto.

A estas ricas interpretaciones de la Teología Cristiana no han escapado los imagineros, por lo que el Tetramorfos será una iconografía muy frecuente en la Semana Santa de Sevilla. Así, en distintos pasos de Cristo y de Virgen y en numerosas insignias vamos a ver representados a los Cuatro Evangelistas, conjuntamente con los atributos descritos anteriormente. De entre ellos, por su enorme calidad artística, sin hacer de menos a otros, conviene destacar el Tetramorfos de los pasos del Stmo. Cristo de la Expiración (Marcos Cabrera, siglo XVI. Hdad. del Museo), Stmo. Cristo de la Sangre (Francisco Buiza. Hdad. de San Benito), Cristo el Buen Fin (Hdad. del Buen Fin) y Nuestro Padre Jesús de la Salud (Hdad. de Los Gitanos).

San Juan, SanLucas, San Mateo y San Marcos en el paso de la Soledad de San Lorenzo. SG

San Lucas. Paso de Cristo de la Hdad. de los Gitanos. ASC

San Mateo. Paso de misterio de la Hdad. de Monte-Sión. ASC

San Mateo. Paso de misterio de la Hdad. de la Quinta Angustia. PA

San Juan. Paso de Cristo de la Hdad. de las Penas de San Vicente. PA

San Marcos. Paso de Cristo de la Hdad. de las Penas de San Vicente. FJP

San Juan. Paso de Cristo de la Hdad. del Buen Fin. FJP

Doctores y Padres de la Iglesia

La Iglesia Católica considera Padres de la Iglesia a un grupo de pastores y escritores, en su mayoría obispos, que desde el siglo I y hasta el siglo VIII van a ser los grandes transmisores de la fe cristiana en ese periodo, considerándose sus escritos un auténtico testimonio de fe. Sus doctrinas y pensamientos, al amparo de la interpretación que hicieron de las Sagradas Escrituras, serían fundamentales para el desarrollo de la Teología Cristiana y la Liturgia Romana. Tradicionalmente, los Padres de la Iglesia tuvieron que dar respuestas a las cuestiones planteadas por la teología y por la moral, siendo sus estudios conocidos como Patrística.

La Iglesia Católica hace una distinción entre los padres procedentes del Este, llamados Padres Griegos u Orientales, y los Padres oriundos de Occidente, llamados Padres Latinos u Occidentales. Así, dentro del primer grupo habríamos de destacar a San Atanasio de Alejandría, San Basilio el Grande, San Gregorio Nacianceno y San Juan Crisóstomo. Por su parte, cuatro serán los Padre de la Iglesia Occidental: San Ambrosio de Milán (333-397), San Agustín de Hipona (354-430), San Jerónimo de Estridón (342-420) y San Gregorio Magno (540-604). En la Semana Santa de Sevilla, la representación iconográfica de estos cuatro grandes pensadores de la historia de la Cristiandad, nos la ofrece el paso de misterio del Sagrado Decreto de la Hdad. de la Trinidad. Su presencia en el paso son alegoría pura de que es la sabiduría de estas personas de Dios la que sirve a la Iglesia para explicar mejor el plan divino. Igualmente, San Gregorio da nombre al convento mercedario en el que está establecida, canónicamente, la Hdad. del Santo Entierro. Sin embargo, por su carácter, eminétemente, devocional en Sevilla, hay que citar a otras dos grandes figuras consideradas por la Iglesia Católica como Padres de la Iglesia: San Leandro y San Isidoro. Ambos, aparecen recogidos en el escudo del Cabildo Municipal y consiguientemente en la heráldica de distintas hermandades, donde la iconografía de ambos aparece repartida en pasos de Cristo, pasos de palio e insignias varias, dando nombre San Isidoro de Sevilla a la Hdad. de San Isidoro, que desde la parroquia del mismo nombre, vemos procesionar cada Viernes Santo.

Por otro lado, muy prolífica dentro de la escultura decorativa en la semana santa hispalense, serán las alusiones a los llamados Doctores de la Iglesia, título otorgado por el papa a algunos santos que han destacado por su erudición. Cabe destacarse las figuras de San Bernardo de Claraval, que da nombre a la Hdad. de San Bernardo; San Antonio de Padua, cuyo convento acoge la residencia canónica de la Hdad. del Buen Fin, completamente imbuida del carisma del santo franciscano; Santa Catalina de Siena, que da nombre a la sede canónica de la Hdad. de la Exaltación; San Buenaventura, que da nombre a la Hdad. de la Soledad de San Buenaventura; y San Isidoro de Sevilla, que da nombre a la Hdad. de San Isidoro. Igualmente, cabe apuntar que el carisma carmelita impuesto por las doctrinas de Santa Teresa y San Juan de la Cruz lo vamos a ver representado en las túnicas nazarenas de la Hdad. del Carmen Doloroso, en un banderín de la Hdad. de la Sed y en las bambalinas del palio de Ntra. Sra. de la Angustia (Hdad. de los Estudiantes), siendo San Juan de la Cruz, titular de la Hdad. de Padre Pío. Igualmente, las reliquias de ambos van representadas en el paso de palio de Ntra. Sra. del Carmen Doloroso. Por último, en términos generales hay que decir que la iconografia de los Doctores de la Iglesia va a aparecer representada en nuestra Semana Santa en pasos de Cristo, pasos de Virgen y enseres varios.

San Ambrosio, San Gregorio, San Agustín y San Jerónimo. Paso del Sagrado Decreto de la Hdad. de la Trinidad. PA

Los motivos frutales: las abundancias espirituales

Si algo llama la atención en la contemplación tanto de los distintos bordados que recorren sayas, mantos y bambalinas de palio de las dolorosas, como de los respiraderos y canastillas de los llamados "pasos de Cristo" y "pasos de Misterio", es el empleo recurrente de motivos frutales y vegetales para su exorno en distintos materiales. En general, la utilización de los motivos frutales y vegetales procede de la mitología griega. Los motivos vegetales van a asociarse, simbólicamente, con la regeneración, por lo que la iconografía cristiana va a emplearlos para asociarlos a la divinidad de Jesús y María, verdaderos regeneradores del alma humana, que abren caminos hacia la salvación.

En cuanto a los motivos frutales, su procedencia mitológica se haya en el Cuerno de la Abundancia de Zeus. Criado con leche de la cabra de la ninfa Amaltea, encontrándose jugando un Zeus aún niño, partió involuntariamente con sus rayos uno de los cuernos de la cabra. Para compensarlo, Zeus entregó a Amaltea ese cuerno roto, confiriéndole el poder suficiente para que el que lo poseyera obtuviese todo cuanto deseara, de ahí la leyenda de la Cornucopia o Cuerno de la Abundancia. A lo largo de los siglos, ese Cuerno de la Abundacia se ha venido representando en las artes relleno de flores y frutas, como claro símbolo de riqueza, abundancia, frutos de la naturaleza y prosperidad. Por tanto, ese Cuerno de la Abundancia y en general, esos

Motivos frutales. PA

Motivos vegetales. Saya de Ntra. Sra. de Gracia y Esperanza. Hdad. de San Roque. PA

Motivos vegetales. Paso de palio de Mª Stma. de la Victoria. Hdad. de las Cigarreras. JJ

motivos frutales, que vemos recorriendo los distintos pasos procesionales en la semana mayor hispalense, van a ser símbolos de las abundantes gracias espirituales que Dios pretende conceder a todos los que se acercan a Él.

La Semana Santa de Sevilla presenta una riqueza en cuanto a ajuares de túnicas borda-

El Cuerno de la Abundancia en el llamador del paso de palio de la Hdad. de los Negritos. PA

El Cuerno de la Abundancia en el llamador del paso de la Borriquita. Hdad. del Amor. ASC

das, realmente monumental, si bien, de entre las que llaman notablemente la atención, vamos a destacar la conocida "Túnica de los Cuernos de la Abundancia" realizada por Manuel María Ariza en 1815 para Nuestro Padre Jesús de la Pasión. Una pieza cargada de simbolismo, pues los motivos frutales que salen de los cuernos en ella representados, son expresión misma de prosperidad espiritual. Igualmente, el Cuerno de la Abundancia aparece presentado de manera muy numerosa en distintos pasos procesionales de la Semana Santa de Sevilla, si bien, por su relevancia conviene destacar el llamador del paso de Misterio de la Borriquita (Hermandad del Amor), las bambalinas frontales del paso de palio de Nuestra Señora de la Caridad (Hermandad del Baratillo), el llamador del paso de palio de Nuestra Señora de los Ángeles (Hermandad de Los Negritos) y en el conocido "Manto Camaronero" que realizara Juan Manuel Rodríguez Ojeda entre 1899 y 1900 para Nuestra Señora de la Esperanza Macarena, a la sazón la obra cumbre que realizara el gran bordador y el manto más antiguos de los que posee la hermandad de la Madrugá.

Página dcha: Detalle del Manto Camaronero. Hdad. de la Macarena. ASC

La Concha Venera

La Concha Venera en las bambalinas del paso de palio de la Hdad. de la Redención. SG

Una de las formas de ornamentación más utilizadas por la iconografía cristiana desde el siglo XIII va a ser la conocida Concha Venera, también llamada Viera. Un modelo iconográfico muy vinculado al Camino de Santiago, presente desde época medieval en multitud de representaciones escultóricas y arquitectónicas. Del latín "veneria" o "venera", el término parece provenir de la Diosa Venus, que según la mitología clásica nació de este tipo de concha, tal y como lo recogió el genial artista italiano, Sandro Botticelli, en su conocida obra "El Nacimiento de Venus" (1445-1510), que se conserva en la Galería de los Uffizi en Florencia. Por otro lado, pese a que existen leyendas sobre cómo la Concha Venera se convirtió en un símbolo del Camino de Santiago, lo cierto y verdad es que con el paso de los siglos se ha convertido en un elemento distintivo de éste, siendo el símbolo jacobeo por excelencia.

La Concha Venera es un elemento lleno de significados. Simbólicamente se asocia al nacimiento y la regeneración, por lo que la iconografía cristiana lo va a adaptar en esos términos para asociarlo a Jesús. Quizás, el mayor ejemplo de Concha Venera de los que quedan representados en Sevilla, lo tengamos en la Basílica de Nuestro Padre Jesús del Gran Poder, donde, arquitectónicamente, quedada trazada orlando la parte trasera del camarín del altar del venerado nazareno, justo en el lugar donde los fieles se colocan para besarle el talón del pie. Su ubicación en esta basílica tiene gran poso teológico, y es que siendo la Concha Venera, símbolo de nacimiento y regeneración, aparece acompañando a la bendita imagen de Jesús del Gran Poder, cuya fiesta se celebra el día de la Epifanía, momento en el que tras su nacimiento, Cristo manifestó por vez primera su Gran Poder. Un Gran Poder que volvió a hacerse presente en el momento del prendimiento y una vez murió en la cruz, por lo que su sacrificio y entrega sirvió para la redención de los pecados y sobre todo, la regeneración de las almas.

Dado su significado de nacimiento y regeneración, son muchas las hermandades y cofradías de la Semana Santa de Sevilla que emplean la Concha Venera con afanes catequéticos en sus

La Concha Venera en el camarín de Ntro. Padre Jesús del Gran Poder. JJ

distintos pasos procesionales, tratando de hacer ver que Jesucristo es el mayor símbolo de regeneración de la historia de la humanidad, siendo su Pasión, Muerte y Resurrección, un nuevo nacimiento para todos, que lleva para siempre a la salvación eterna. Iconográficamente y a modo de ejemplos, de entre todas la "vieras" representadas en la semana mayor hispalense, destacan las que aparecen en las bambalinas del paso de palio de Nuestra Señora del Rocío (Hdad. de la Redención), en la trasera del trono de Pilatos en el misterio de la Presentación al Pueblo (Hdad. de San Benito), en las bambalinas del palio de Nuestra Señora de la Encarnación (Hdad. de San Benito), en los frisos de las canastillas de los pasos de Nuestro Padre Jesús de la Salud y Buen Viaje (Hdad. de San Esteban), Stmo. Cristo de la Sed (Hdad. de la Sed), Stmo. Cristo de la Salud (Hdad. de San Bernardo) y Stmo. Cristo de la Exaltación (Hdad. de Los Caballos); en los respiraderos laterales del paso del Cristo del Buen Fin (Hdad. del Buen Fin) y en la canastilla del paso de misterio de Nuestro Padre Jesús de la Sentencia (Hdad. de la Macarena).

Los Grabados de Durero

"Cristo Pensiorioso" Grabado de Alberto Durero

"Ecce Homo". Grabado de Alberto Durero

En el trazo iconográfico de los modelos escénicos que vemos en las distintas representaciones de los episodios de la Pasión en la Semana Santa de Sevilla, existen una claras influencias pictóricas. Y es que a lo largo de la historia, ha sido una realidad muy usual el hecho de que los imagineros se hayan inspirado en cuadros de pintura de su tiempo o de épocas pasadas. Como ya hemos apuntado en capítulos anteriores, la Cruz va a dejar de presidir los cortejos penitenciales a raíz de la Contrareforma promovida por el Concilio de Trento (1545-1563), donde con la promulgación decidida del culto a las imágenes, éstas van a tomar en las procesiones un protagonismo capital. Así, en la búsqueda de la Evangelización, las hermandades y cofradías se van a abandonar a las manos de los grandes imagineros del momento, en quienes depositarán su plena confianza para plasmar en tallas escenográficas sus afanes catequéticos.

Hay que matizar que ya desde fines del siglo XVI existía una considerable divulgación de grabados como medio de transmisión de determinadas devociones, sobresaliendo entre ellos, los realizados por el artista más conocido del Renacimiento alemán, Alberto Durero (1471-1528), en cuya obra "La Pequeña y Gran Pasión", se asienta una parte notoria de los precedentes iconográficos que actualmente vemos representados en la Semana Santa de Sevilla. Y es que los grabados de Durero han ejercido una desiva influencia en el arte sacro occidental desde finales del siglo XVI, siendo fuente de inspiración para numerosos artistas. Así, podemos decir, que en sus grabados religiosos se encuentran los orígenes de la representación iconográfica de Nuestro Padre Jesús de la Humildad y Paciencia (Hdad. de la Sagrada Cena) y Nuestro Padre Jesús de las Penas (Hdad. de la Estrella). Tanto un modelo como otro proceden del grabado "*Cristo Pensiorioso*". En la representación del titular de la Hdad. de la Sagrada Cena aparece Jesús sentado sobre un peñasco, desnudo y esperando la crucifixión con la cabeza baja y la mano derecha apoyada en el rostro en claro gesto pensativo. Una escena que hunde su origen en el arte germánico del siglo XV, donde el misticismo de la época empuja a meditar sobre los sufrimientos de Cristo, siempre al amparo de un halo de melancolía. Por su parte, todo hace indicar, que el escultor flamenco, José de Arce, para la hechura de Nuestro Padre Jesús

Stmo. Cristo de la Humildad y Paciencia.
Hdad. de la Sagrada Cena. SG

Ntro. Padre Jesús de las Penas. Hdad. de la Estrella. SG

de las Penas de la Hdad. de la Estrella en 1665, no sólo se inspiró en el "*Cristo Pensiorioso*", sino que, además, lo hizo en otro grabado de Durero, concretamente en el "*Ecce Homo*", realizado en 1511 dentro de la serie "El Teatro de los Misterios". En dicho grabado se representa un iconografía parecida al "*Cristo Pensioroso*", si bien, la diferencia ahora va estar en la representación de Jesús con las manos entrelazadas a la altura del pecho y con la cabeza alta implorando al cielo, antes de ser asido al madero.

Finalmente, hemos de significar que la utilización de las potencias en las imágenes de Jesús, que centran la figura en su condición de Sacerdote, Profeta y Rey, pese a que iconográficamente tiene un origen bizantino, desde el siglo XVI van a extenderse en el arte religioso, gracias a los grabados de Alberto Durero, a quien en España seguiría el reconocido artista Doménico Theotocopulos "el Greco", quien las popularizaría en sus pinturas.

Jesús, Peñasco de Israel

La Semana Santa de Sevilla está repleta de figuras retóricas, elementos éstos que en sentido figurado crean imágenes en la mente de los fieles con un fin evangelizador. Así, en la ciudad que celebra como ninguna los episodios de la Pasión, Muerte y Resurrección de Cristo, los cofrades debemos hacer un esfuerzo por reconocerlas, dado que ayudan, notablemente, a captar el mensaje catequizador que las distintas hermandades y cofradías llevan a las calles de la ciudad por medio de la realización de sus estaciones penitenciales.

Esas figuras retóricas, lógicamente, hunden su origen en los textos bíblicos. En este capítulo nos vamos a detener en cómo en las Sagradas Escrituras se compara a Jesús con un "Peñasco o Roca de Israel", lo que aparece en Samuel 23:3 y en Deutoronomio 32:4, además de en el Salmo118: 2, donde se dice así: "*La piedra que desecharon los edificadores ha venido a ser la cabeza del ángulo*". Con ello, podemos aseverar que uno de los nombres menos usuales que se le van a dar a Jesús en la Biblia será el de "piedra", a veces sustituida por "peñasco" o "roca". Y es que Jesús, al igual que la roca, caracterizada por su solidez, es el refugio para la salvación del mundo. Jesús fue profético con el triunfo del plan salvador de Dios. Así, los edificadores a los que él mismo alude en el Evangelio de Mateo 21:42, haciendo alusión a esta cita del Salmo 118, no son más que los líderes religiosos judíos, esos que construyendo leyes para Dios, no fueron capaces de reconocerlo a él como el Mesías, Hijo único de Dios. Una piedra que desecharon porque entendían que no valía para nada y que sin embargo, Dios convierte en piedra angular de su Iglesia. Jesús va a ser por tanto ese "peñasco", "roca" o "piedra" sobre el que se va a sustentar la Iglesia de Dios.

Detalle del Stmo. Cristo de las Tres Caídas.
Hdad. de la Esperanza de Triana. PA

Stmo. Cristo de la Humildad y Paciencia. Hdad. de la Sagrada Cena. PA

Ntro. Padre Jesús de las Tres Caídas. Hdad. de San Isidoro. PA

Ntro. Padre Jesús de las Penas. Hdad. de las Penas de San Vicente. FJP

Así lo explica en su primera carta el apóstol Pedro: "*Acercándoos a él, piedra viva, desechada ciertamente por los hombres, pero para Dios escogida y preciosa, vosotros también, como piedras vivas, sed edificados como casa espiritual y sacerdocio santo, para ofrecer sacrificios espirituales aceptables a Dios por medio de Jesucristo...*" (Pedro 2:4-8).

En la Semana Santa de Sevilla, la iconografía que recoge a Jesús como "Piedra o Peñasco de Israel", la vemos representada en el Santísimo Cristo de la Humildad y Paciencia (Hermandad de la Sagrada Cena), Nuestro Padre Jesús de las Penas (Hermandad de la Estrella), Nuestro Padre Jesús de las Penas (Hermandad de las Penas de San Vicente), el Santísimo Cristo de las Tres Caídas (Hermandad de la Esperanza de Triana) y Nuestro Padre Jesús de las Tres Caídas (Hermandad de San Isidoro). Venera, además, la Hermandad de Santa Genoveva, una reliquia de la Roca de la Agonía, aquella donde Cristo, se apoyó en su oración en Getsemaní, si bien, desde hace unos años dejó de procesionar en el paso del Señor Cautivo.

Los 30 Siclos de Tiro: Judas y las llamas del Infierno

Los Misterios de la Sagrada Cena el Domingo de Ramos, la Redención el Lunes Santo y el Prendimiento el Miércoles Santo, traen al recuerdo de la Semana Santa de Sevilla, la presencia en ellos del apóstol traidor, ese que no queda muy claro en los Santos Evangelios de qué forma fue elegido para unirse a los doce, Judas Iscariote. Un apóstol que resume en un fatídico gesto, la perfecta personificación de la traición en los episodios de la Pasión. La consumación de tal acto le llevaría a conseguir treinta monedas de plata como contraprestación a la entrega del Maestro, hecho que se produciría tras un infame beso. Dicho gesto ha sido tratado, largamente, en la historia del arte, muy particularmente en Sevilla a través del ingenio de uno de los grandes imagineros del siglo XX, Antonio Castillo Lastrucci, que acabaría legando a la ciudad una de sus mejores composiciones escenográficas, la del Beso de Judas.

Desde un punto de vista, puramente, evangélico, Judas Iscariote tras abandonar la Última Cena, llevó a los guardias hebreos hacia Getsemaní para que arrestaran a Jesús, siendo el beso en el rostro de éste, el signo elegido para delatarle. Treinta monedas de plata fue el tributo empleado por el Sanedrín para pagar a Judas. Pero, ¿qué dicen los Evangelios sobre estas monedas? y ¿qué tipo de monedas fueron: denarios, dracmas o tetradracmas, también llamados siclos?. Sin duda fueron 30 Siclos de Tiro, moneda que formaba parte del tesoro del templo. Y es que las leyes judías, junto a las romanas, dictaban que en el Templo de Jerusalén solamente podían atesorarse como pago del tributo anual,

Detalle de la bolsa en el paso de palio de la Hdad. de los Negritos. PA

La bolsa y las 30 monedas que porta Judas en el paso de misterio de la Hdad. de la Sagrada Cena. ASC

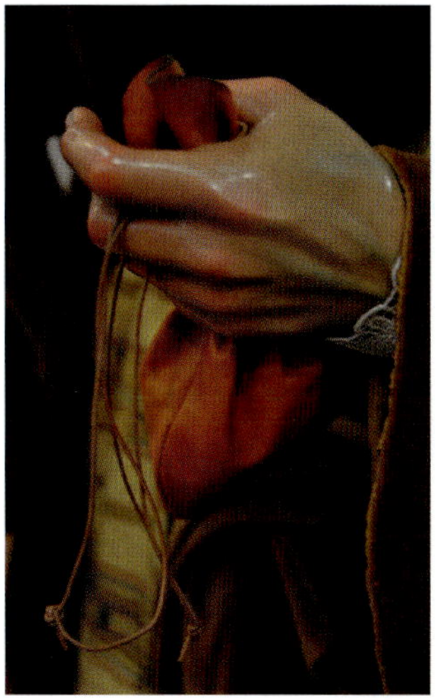

Bolsa de Judas en el paso de misterio de la Hdad. del Dulce Nombre de Bellavista. JJ

tetradracmas o Siclos de Tiro. Por tanto, el Sanedrín pagó a Judas con las monedas que, acuñadas en Tiro, formaban parte del tesoro. Unos 30 siclos que equivalían, aproximadamente, a 432 gramos de plata, dado que cada siclo equivalía a 14,4 gr de plata. Numismáticamente y según la acuñación de la época, las monedas debían llevar en el anverso, un busto del dios fenicio Melkart con corona de laurel, y en el reverso un águila con la leyenda "*Turouieras Kaiasulou*", que se traduce como "*De la ciudad de Tiro*". Iconográficamente, Luís Ortega Bru en el misterio de la Sagrada Cena y Antonio Castillo Lastrucci en los misterios del Beso de Judas y de Los Panaderos, pusieron mucho énfasis en la representación de esas monedas de plata dentro de una bolsita anudada a la cintura de Judas, en clara alusión al pecado de la avaricia y a una conocida cita de Jesús, recogida en Lucas 16: 13: "*No se puede servir a Dios y al dinero*".

De otro lado, en los modelos iconográficos de Judas es usual verlo representado con una fisonomía marcada por la maldad, con un gesto desafiante, mirada profunda y actitud extraña. Si bien, de entre sus representaciones cabe resaltar lo común que va a ser verlo tallado con

Judas. Paso de misterio de la Hdad. de la Redención. ASC

unos cabellos de tonalidades anaranjadas, lo que simbólicamente va a remitir al infierno. Y es que éste hecho, hunde su origen en la Edad Media, donde Judas, tenido por el mayor de los traidores, estaba considerado un fruto del mal. Ese color anaranjado del cabello va a asociarse con las llamas del infierno, lugar donde Dante Aligueri relata que van los traidores en su conocida obra, la "Divina Comedia", donde dice así: *"el fuego eterno que por dentro les abrasa, les da la apariencia rojiza."*

La Santa Faz y el Santo Sudario

Del término griego *"allegorein"*, la alegoría es un tema artístico que tiene como pretensión la representación de una idea, valiéndose de formas humanas, animales o de objetos cotidianos. La presencia de personajes alegóricos en la semana mayor hispalense se hizo habitual en tiempos pasados, siendo muchas las alegorías que presenta la Semana Santa de Sevilla. Junto con la Virtudes Teologales y las Virtudes Teologales, descritas en capítulos anteriores, en este capítulo vamos a detenernos en la Santa Faz que porta en sus manos la figura de la Mujer Verónica. Del latín "Vero Icona" que se traduce como "verdadera imagen", el termino Verónica nació por la necesidad de la piedad popular de tener representado de algún modo el rostro o verdadera imagen de Jesús a partir de la Baja Edad Media, pues los Evangelios canónicos no refieren en ningún caso, el pasaje del encuentro de Cristo con dicha mujer camino del Calvario. Así, nació esa alegoría que hoy forma parte tanto de la Hermandad del Valle, donde procesiona tallada en el paso de misterio de Nuestro Padre Jesús Nazareno; y en el cortejo de la Hermandad de Montserrat, donde alegóricamente, al igual que la Fe, toma forma humana. La Verónica fue incorporada a dicho desfile procesional ya en 1859, para representar a esa mujer, que, según la tradición cristiana, enjugó el rostro del Hijo de Dios, que a su vez quedaría reproducido en el lienzo. Su vestimenta es la típica de una mujer hebrea, sosteniendo con sus manos un lienzo con la "Vero Icona" o verdadera imagen de Jesús. Históricamente, tanto la Verónica como la Fe, de la Hdad. de Montserrat, han formado parte del cortejo procesional del Santo Entierro, hasta

Angelito con la Santa Faz en el paso de Cristo de la Hdad. de la O. ASC

Santa Faz. Hdad. del Valle. PA

Santa Faz. Paso de Ntro. Padre Jesús de la Pasión. PA

que en el año 1956, dicha corporación se incorporó al Sábado Santo y abandonó las alegorías.

De otro lado, junto a la Santa Faz, otro de los atributos de la Pasión, el Santo Sudario, ha tenido una representación histórica en la semana mayor hispalense, siendo, actualmente, titular de la Hermandad del Buen Fin. La cofradía del Miércoles Santo cuenta en su poder con una reproducción a tamaño natural de la Sábana Santa de Turín, que fue regalada por el Rey Humberto I de Saboya, a quien la hermandad concedió la dignidad de Hermano Mayor Honorario. El Santo Sudario iba a formar parte del tramo de Cristo del cortejo penitencial de la Hermandad del Buen Fin al menos desde el año 1621, siendo portado, a modo de lienzo, por seis padres franciscanos. Desaparecida tan bella usanza con el paso de los años, hoy día, la corporación franciscana tiene la intención de desempolvarla, recuperando así para su cortejo la representación de

Verónica de la Hdad. del Valle. PA

uno de sus principales titulares. Además de en la Hermandad del Buen Fin, el Santo Sudario lo vamos a ver formando parte de varios misterios procesionales, entre ellos los de Santa Marta, el Baratillo, la Quinta Angustia, la Carretería, la Sagrada Mortaja o las Cinco Llagas. Finalmente, incidir en que Santa Faz y Santo Sudario van a formar parte de la iconografía de canastillas pasos procesionales y enseres varios.

4
Iconografía de las Imágenes Secundarias

La Belleza y la Fealdad: el Bien y el Mal en las imágenes

La belleza y la fealdad que vemos representada en las facciones tanto de las imágenes primarias como de las secundarias en la Semana Santa de Sevilla, es consustancial a la narración de los propios relatos evangélicos de los episodios de la Pasión. En los escritos canónicos y también en los apócrifos, las actitudes mostradas por unos y otros, nos hacen imaginarnos quiénes fueron los buenos y quiénes fueron los malos, dentro del complejo conglomerado de personalidades que formar el conjunto de los llamados "Personajes de la Pasión". Así, en este capítulo vamos a ver las relaciones existentes, por un lado, entre la belleza y el bien, y por otro lado, entre la fealdad y el mal.

Guardia del Sanedrín. Paso de misterio de la Hdad. de la Milagrosa. ASC

Santa Mª Magdalena. Paso de misterio de la Hdad. de Montserrat. JJ

Ni que decir tiene, que todos aquellos personajes cuyos comportamientos fueron ejemplares para la Iglesia Católica en el proceso de la Pasión, van a ser tratados, iconográficamente por los artistas, dentro de un canon de belleza, marcado por los rasgos suaves y gestos dulces, persiguiendo un halo de divinidad, amparado en el Clasicismo Griego, culmen de la belleza, en los casos de las imágenes de Jesús, la Virgen María, los Ángeles y los Arcángeles, y bastante inclinación a la hermosura facial en los casos de los Apóstoles, los Evangelistas, María Magdalena, las santas mujeres y aquellos personajes, que sin estar claramente adheridos al mensaje de Jesucristo, mostraron una enorme inclinación hacia el bien, siendo éste el caso por ejemplo de Claudia Prócula, Simón de Cirene y Dimas, revestidos en sus gestos de gran dosis de valores morales.

Poncio Pilatos. Paso de misterio de la Hdad. de la Macarena. ASC

Judas en el paso de misterio de la Hdad. de la Redención. SG

Por contra, las fuerzas judías, particularmente las personas pertenecientes al "Sanedrio" y las fuerzas romanas, causantes directos del injusto juicio de Jesús, van a ser representadas, iconográficamente con rasgos barbudos, morenos, sucios, viejos y gestos repugnantes, groseros e incluso caricaturescos, dentro del canon del arte Helenístico griego, siendo éste el caso de Herodes, Anás, Caifás, miembros del Sanedrín, soldadesca romana y sayones en general, teniendo un papel predominante en

Sayón del paso de misterio de la Coronación de Espinas de la Hdad. del Valle. JJ

Sayón del paso de misterio de la Hdad. de los Panaderos. ASC

Sanedrita del paso de misterio de la Hdad. de San Esteban. ASC

esta asociación fealdad-maldad, la figura de Judas, cuyos proceder como el gran traidor, se anuncia, claramente, en los distintos pasos procesionales en los que va representado, por medio de sus facciones y también, por la gestualidad en sus acciones.

Llama, poderosamente, la atención la disociación y ambigüedad existente en nuestra Semana Santa en la representación de Pilatos. Siempre, al amparo evangelizador, el gran imaginero Antonio Castillo Lastrucci representó, por un lado, al procurador de Judea con rasgos dulces en el misterio de la Presentación al Pueblo (Hermandad de San Benito), tratando de hacer ver al espectador que Pilatos estaba convencido de la inocencia de Cristo; mientras que por otro lado, en el misterio de la Sentencia (Hdad. de la Macarena), mostró a Pilatos con rasgos serios y repelentes, tras lavarse las manos, haciéndonos ver que con ese gesto se hacía cómplice de la maldad de enviar a ajusticiar a un inocente. Igualmente, esa separación entre bien y mal, se da en la figura de Longinos, que traspasa el costado de Jesús en el misterio de la Hdad. de la Sagrada Lanzada con gesto soberbio y desafiante, gestos éstos que cambian por completo por los de bondad y arrepentimiento en el misterio de la Hdad. del Cerro del Águila, cuando Longinos reconoce la naturaleza del Nazareno como Verdadero Hijo de Dios.

Página dcha: Stmo. Cristo de las Siete Palabras. CR

César Ramírez 2017

Ángeles y Arcángeles

Detalle del manto de Ntra. Sra. de los Ángeles. Hdad. de los Negritos. SG

Canastillas, respiraderos, bambalinas, palios y pasos en general de la Semana Santa de Sevilla muestran a menudo la presencia de ángeles (serafines, querubines, putti, atlantes, turiferarios, ceriferarios, etc.) y arcángeles, a quienes se les consideran una categoría de ángeles. Etimológicamente, la palabra ángel procede del latin "angelus" y ésta a su vez del griego "aggelos", que significa "mensajero", y es que ángeles y arcángles son seres al servicio de Dios, que actúan como mensajeros del Evangelio, anunciando la buena noticia de la salvación. Históricamente, los ángeles han estado muy presentes en la historia de la Cristiandad, apareciendo en pasajes como la Anunciación a la Virgen, la Anunciación a los Pastores, la Confortación de Jesús en el Huerto

Detalle del paso de Ntro. Padre Jesús del Gran Poder. JJ

Llamador del paso de Cristo de la Hdad. del Sol. FJP

Canastilla del paso de Cristo de la Hdad. de las Penas de San Vicente. PA

Bambalinas del paso de palio de la Hdad. del Buen Fin. FJP

de los Olivos y el Anuncio de la Resurrección, siendo éstos dos últimos casos los que podemos ver representados en los pasos de misterio de las hermandades de Monte-Sión y la Resurrección. Iconográficamente, son muchas las representaciones artísticas de ángeles y arcángeles en la Semana Santa de Sevilla, si bien comparten en su mayoría una serie de características que van desde la apariencia humana y el aspecto varonil o asexuado, a la enorme belleza y semidesnudez. Desde la Edad Media, a los ángeles se les va a representar en grupo, si bien desde el Renacimiento y sobre todo desde el Barroco, se les representará de forma individualizada, siendo una notable influencia en la iconografía que de ellos llega hasta nuestros días, la que va a realizar la Escuela Sevillana de Pintura, particularmente, Zurbarán y Murillo.

Pese a que en la Biblia se hace alusión a siete arcángeles, los concilios de Roma en el 745 d. C y de Aquisgrán en el 789 d.C., sirvieron para definir la postura de la Iglesia respecto a los ángeles y arcángeles. Así se rechazó el uso de nombres para todos estos seres, a excepción de tres, que están citados, explícitamente, en las Sagradas Escrituras. Por un lado "Miguel", jefe de las milicias celestiales, a quien se representa luchando contra el demonio; de otro lado "Gabriel", mensajero de Dios en la Anunciación a la Virgen, a quien se representa portando un mensaje escrito y/-o una flor blanca; y por último "Rafael", protector de salud y viajes, que es representado con un bastón de viajero peregrino y un pez. En la Semana Santa de Sevilla a "San Miguel" podemos verlo representado en los llamadores de los pasos de misterio de las hermandades del Polígono de San Pablo y San Gonza-

Paso del Stímo. Cristo de Pasión y Muerte. FJP

Paso de misterio de la Hdad. del Polígono de San Pablo. PA

Ángel Atlante. Paso de misterio de la Hdad. de la Redención. PA

Ángel Pasionista. Paso de palio Hdad. de la Exaltación. FJP

Ángel Custodio, San Gabriel, San Miguel y San Rafael en las esquinas del paso de Ntro. Padre Jesús de la Pasión. SG

Ángel muñidor. Llamador del paso de la Sagrada Mortaja.
Fco. Javier Montiel (FJM)

lo; y en los llamadores de los pasos de palio de las hermandades del Dulce Nombre, Macarena y paso de la Soledad de San Buenaventura. Por otro lado y a modo de ejemplos, a "San Gabriel" podemos verlo representado en una de las esculturas decorativas de la canastilla del Stímo. Cristo de las Tres Necesidades (Hdad. de La Carretería) y a "San Rafael" en otra escultura decorativa de la canastilla de Ntro. Padre Jesús Cautivo y Rescatado (Hdad. del Polígono San Pablo). Conjuntamente con el Ángel Custodio, aparecen los cuatro representados en las esquinas del paso de Jesús de la Pasión, uno en cada una de ellas. Finalmente, hacer hincapié en que en la Semana Santa hispalense, podemos ver ángeles y arcángeles repartidos en multitud de pasos. Así, a modo de ejemplos, ángeles atlantes recorren los pasos del Stmo. Cristo de las Aguas y del Stmo. Cristo de la Redención; y el palio de Ntra. Sra. de la Estrella. De entre los Ángeles Pasionistas, presentes en casi todas las canastillas y respiraderos de pasos de Cristo, destacar los que jaspean el paso de Ntro. Padre Jesús de las Penas (Hdad. Penas de San Vicente) y los que timbran las esquinas de los respiraderos del palio de Ntra. Sra. de las Lágrimas (Hdad. de La Exaltación). Otros ángeles destacables son los que acompañan al Stmo. Cristo de la Veracruz, a María Stma. de la Amargura y a Ntro. Padre Jesús Nazareno (El Silencio), destacando, también, los que se integran en los candelabros de María Santísima de la Estrella, los que forman parte de respiraderos y bambalinas del palio de Nuestra Señora de los Ángeles (Hdad. Los Negritos), el ángel muñidor del llamador del misterio de la Sagrada Mortaja y el Ángel de la Guarda que preside la entrecalle de la candelería del paso de palio de Ntra. Sra. de la Encarnación (Hdad. San Benito).

San Miguel. Paso del Sagrado Decreto.
Hdad. de la Trinidad. SG

Ángel Anunciador. Paso de la Sagrada
Resurrección de Ntro. Sr. Jesucristo. FJP

Página izquierda arriba: Paso del Ntro. Padre Jesús de la Divina Misericordia. Hdad. de las Siete Palabras. FJP
Paso de Ntro. Padre Jesús Nazareno. Hdad. de la O. FJP

Página izquierda centro: Arcángel San Miguel. Llamador del paso de palio de la Hdad. del Dulce Nombre. FJP
Arcángel San Miguel en el llamador del paso de palio de la Hdad. de la Macarena. FJP

Página izquierda abajo: San Miguel. Llamador del paso de misterio de la Hdad. del Polígono de San Pablo. ASC
Ángel Confortador. Llamador del paso de misterio de la Hdad. de Monte-Sión. ASC

Los Apóstoles

Sin lugar a dudas, por su importancia para la difusión del Cristianismo y por ende para la Iglesia Católica, las figuras secundarias de los apóstoles que aparecen en los pasos procesionales de la Semana Santa de Sevilla, merecen una particular atención. Etimológicamente, "apóstol", del griego "apostelo", significa "enviado", siendo las personas elegidas por Jesús para predicar la Buena Noticia de la Salvación. Su número, doce, guarda estrecha relación con las doce tribus que se crearon en Israel tras el Éxodo judío de Egipto. Su tradicional representación iconográfica se basa en opulentas y largas túnicas y en mantos sobre espalda y hombros. La iconografía más apreciable de los Apóstoles de Cristo en la Semana Santa de Sevilla podemos encontrarla en varios misterios procesionales, siendo los más relevantes los de las hermandades de la Sagrada Cena, donde aparecen los doce, incluido Judas; el Beso de Judas, donde aparecen Santiago, Juan, Pedro, Andrés, Tomás y Judas; el Carmen Doloroso, donde aparecen Pedro y Juan; los Panaderos, donde quedan representados Judas, Pedro, Santiago y Juan; y Monte-Sión, donde el apostolado dormido lo conforman Santiago, Pedro y Juan. Conjuntamente, a modo de escultura decorativa, aparecen los doce en el paso del Cristo de Santa Cruz. Asimismo, hay que apuntar lo común de la presencia del discípulo amado, San Juan Evangelista, en los distintos

San Marcos. Paso de misterio de la Hdad. de Pino Montano. FJP

misterios que representan algún pasaje de Jesús en el Calvario (Siete Palabras, Quinta Angustia, Carretería, Mortaja etc.), así como bajo palio, acompañando a diversas dolorosas (Dolores y Misericordia, Gracia y Amparo, Dulce Nombre, Mayor Dolor y Traspaso, etc.). Igualmente, conviene apuntar que de una manera simbólica, se

San Juan y San Pedro. Paso de misterio de la Hdad. de Monte-Sión. JJ

entiende, también, que la presencia figurada de los apóstoles se haya en los doce varales, seis por cada costero, que sostienen los pasos de palio que cobijan a las dolorosas.

Deteniéndonos en aquellos cuya presencia evangélica es más notable en los episodios de la Pasión y por tanto, gozan de un representación más cultivada en la semana mayor hispalense, hay que apuntar que a San Pedro a se le suele representar como una persona anciana de cabello y barbas blancas, siendo distintivo en él, la presencia de las "llaves" del Reino de los Cielos; y según los casos, un gallo, en clara alusión a las negaciones que Jesús profetizó. De otro lado, la iconografía cristiana representa a San Juan Evangelista como una persona muy joven, de pelo y barba negra con perilla, siendo común

San Juan y San Pedro. Paso de misterio de la Hdad. de los Panaderos. PA

San Andrés y Santo Tomás. Paso de misterio de la Hdad. de la Redención. PA

que porte en sus manos una pluma, en alusión a la enorme intelectualidad de su evangelio. Por último, a Santiago se le representa como un persona mayor, con una concha venera, y portando en sus manos una espada, aquella con la que hirió a Malco en la oreja al producirse el prendimiento del Señor en el Huerto de los Olivos.

La indumentaria cofrade utiliza unos colores específicos para otorgar un toque personal a estos tres apóstoles. Así, Pedro lleva túnica azul y mantolín marrón o amarillo; Juan lleva túnica verde y mantolín granate; y Santiago es ataviado con túnica azul y mantolín blanco. Hemos de decir que el origen de los colores de

San Juan, San Pedro y Santiago. Paso de misterio de la Hdad. de la Redención. PA

San Juan. Paso de palio de la Hdad. del Gran Poder. FJP

esos atuendos son arbitrarios, pues no tienen un poso evangélico, habiendo de ser rastreados en la historia del arte, siendo muy común desde la época del Quattrocento italiano (Duccio di Buoninsegna, Masaccio) y sobre todo del Renacimiento, el que a cada uno de los tres apóstoles se les represente con los colores descritos, siendo Leonardo Da Vinci y Pietro di Cristoforo Vanucci "el Perugino" entre otros en Italia, Alberto Durero en el arte alemán, Rubens en el arte flamenco, y Doménikos Theotokópoulos "el Greco" en España, quienes asienten, definitivamente, esa iconografía que después sería transportada a la imaginería.

Vestimentas sanedritas en tiempos de Jesús

Paso de misterio del Polígono de San Pablo. ASC

El Sanedrín, también llamado *Sanedrio*, era una especie de Senado judío conformado por 71 miembros en total: el Sumo Sacerdote y 70 hombres distinguidos por su sabiduría, conocimiento de la ley judía, posición social y pertenencia a grupo. En tiempos de Jesús y al estar bajo el gobierno del Imperio Romano, las funciones del Sanedrín habían quedado muy reducidas, circunscribiéndose casi a un autogobierno concerniente, sobre todo a temas de fe, que resolvía toda pregunta relacionada con la interpretación de la ley. El Sanedrín estaba formado por "Sacerdotes" (miembros de la casta sacerdotal, pertenecientes a la tribu de Leví) y "Laicos" (Personas de gran poder económico, en su mayoría latifundistas), siendo presidido por el Sumo Sacerdote, aunque a sus reuniones, también asistían con voto los Sumos Sacerdotes dimisionarios. Los Laicos no vestían de una manera especial, pero si, los Sacerdotes, tanto en su vida normal, como en sus funciones relacionadas con el culto. Así, los Sacerdotes iban a utilizar para su atuendo las siguientes vestiduras: "*Mijnasáim*" (especie de pantalón de lino hasta las rodillas), "*Któnet*" (túnica de lino puro que cubría desde el cuello hasta los pies, con mangas hasta las muñecas. La del Sumo Sacerdote estaba bordada, mientras que las de los sacerdotes eran más sencillas), "*Avnet*" (cinturón), y "*Mitznéfet*" (También llamado "Mitra", era una especie de turbante de lino, que en el caso del Sumo Sacerdote se enrollaba dando una apariencia cónica similar a un gorro de cocina).

Sumo Sacerdote

Todas estas prendas tejidas de lino fino, consideradas sagradas, eran vestidas también por el Sumo Sacerdote, quien, además, poseía otras cuatro adicionales: "*Efod*" (Especie de

Paso de misterio de la Hdad. del Polígono de San Pablo. ASC

delantal, ricamente bordado, sujeto a los hombros por dos piedras de ónice sobre las que estaban grabadas los nombres de las doce Tribus de Israel, seis en cada una de ellas), *"Me'il"* (Manto del *"Efod"*, consistente en un largo vestido sin mangas, tejido de púrpura violeta o azul, cuyo dobladillo inferior estaba bordado con campanillas de oro y granadas), *"Tzitz"* -corona- o *"Nezer"* -lámina- (También llamada "diadema", era un placa de oro exhibiendo la inscripción "הוהיל דש" (*qodesh le-YHWH*), que se traduce como *"Consagrado al Eterno"*, que esta-

Paso de misterio de la Hermandad de San Gonzalo. PA

ba fijada a la parte delantera de la "*Mitznefet*" o "Mitra") y "*Jóshen*" (Pectoral consistente en una tableta cuadrada de oro, que colgando por delante del "*Efod*", estaba adornado por doce piedras preciosas, cada una, grabada con el nombre de una de las Tribus de Israel).

La iconografía descrita de estas vestimentas sagradas, tanto de los sacerdotes como del Sumo Sacerdote, podemos verla representanda en distintos pasos procesionales de la Semana Santa de Sevilla. Particularmente, las vestimentas del Sumo Sacerdote podemos observarla en las imágenes de Caifás de los pasos

Jesús ante Caifás. Hdad. de San Gonzalo. SG

Paso de misterio de la Hdad. del Dulce Nombre. SG

de misterio de las hermandades del Polígono de San Pablo y San Gonzalo; y Anás en los pasos de misterio de San Gonzalo y la Bofetá. Por su parte, imágenes varias de Sacerdotes podemos verlas en los pasos de misterio de San Esteban y el Dulce Nombre; mientras que, finalmente, a los Laicos del Sanedrín judío, sobre todo, José de Arimatea, podemos verlo en los pasos de Santa Marta, San Gonzalo, Carmen Doloroso, Quinta Angustia, Carretería, Sagrada Mortaja, Cinco Llagas y Duelo del Santo Entierro.

"El Gallicantum"

Iconográficamente, en el paso de misterio de la Hermandad del Carmen Doloroso queda recogido uno de los pasajes evangélicos sobre los que más literatura se ha escrito, aquel que refleja las Negaciones de San Pedro y el Canto del Gallo, aquel recogido de distinta forma en Mateo 26:34; Lucas 22:34 y Juan 13:38 y sobre todo Marcos 14:30: *"Y le dijo Jesús: De cierto te digo que tú hoy, en esta noche, antes de que el gallo haya cantado dos veces, me negarás tres veces"*.

Esta cita bíblica nos empuja realizar una pregunta: ¿qué era el Canto del Gallo?. Lo primero que debemos saber es que la expresión "el Canto del Gallo", hacia referencia en la Judea de la época a un periodo de tiempo específico durante la noche y no al canto del ave de corral. Así, los romanos estructuraban la noche en cuatro vigilias. La primera el "Anochecer", la segunda la "Medianoche", la tercera el "Canto del Gallo" y la cuarta y última el "Amanecer". De la existencia de estas vigilias hay constatación histórica hasta en las Sagradas Escrituras, cuando el propio evangelista Marcos cita lo siguiente; *"Velad pues, porque no sabéis cuando vendrá el señor de la casa, si al anochecer, a la medianoche, al canto del gallo o al amanecer"* (Mc 13:35).

Formalmente, el cambio de una vigilia a otra era hecho saber por los romanos a los judíos

Detalle del gallo en el paso. ASC

mediante unos toques de cornetas conocidos como *"Gallicantum"*, denominación latina que se traduce como "Canto del Gallo". Dichos toques de trompeta o *"Gallicantum"* se interpretaban dos veces a lo largo de la noche, el primer al comienzo de la tercera vigilia (Canto del Gallo) y el segundo al comienzo de la cuarta vigilia para anunciar el "Amanecer", lo que los romanos aprovechaban para realizar el cambio de guardia militar.

Por tanto, cuando Jesús profetiza a Pedro sus tres negaciones antes de que el gallo cantara dos veces, profetizó que éstas iban a tener lugar antes de que llegara el amanecer. Sin embargo, dado que en el Talmud, obra que recoge las leyes, costumbres y tradiciones judías, hay referencias explícitas a la crianza de gallos en Jerusalén en tiempos de Jesús, el arte cristiano, particularmente pintores y escultores, se han valido del conocido ave de corral para representar con afanes catequizadores, este episodio en el que Pedro, tras ser delatado por una de

Paso de misterio de la Hdad. del Carmen Doloroso. ASC

las mujeres del Sanedrín negó a su Maestro. Y con ese cante literal del Gallo es como la Hermandad del Carmen Doloroso se pone en la calle cada Miércoles Santo silueteando así con su estación de penitencia a la Santa Metropolitana Iglesia Catedral de Sevilla, una de las más recientes estampas iconográficas recogidas en nuestra Semana Santa.

5
Iconografía Institucional

El Poder de Roma

La principal enseña del Poder de Roma de entre las que vemos representadas en la Semana Santa hispalense es la insignia conocida como "Senatus" (*Senatus Populusque Romanus*). Una insignia en forma de estandarte del que pende un banderín rectangular con la inscripción "S.P.Q.R", rematada por el Águila Imperial, quizás, el símbolo iconográfico más representativo del poder romano. Históricamente, tanto el águila como la mencionada inscripción, aparecían en todas las banderas de las legiones romanas. Si bien, a raíz de la Batalla del Puente Milvio (312 d.C) en la que el emperador Constantino "el Grande" venció a Majencio, tras visionar, previamente, en el cielo una Cruz como símbolo de victoria, ambos emblemas cambiaron. Constantino "el

Senatus de la Hdad. de Santa Marta. ASC

Coraza de soldado romano. Paso de misterio de la Hdad. de la Amargura. ASC

Grande" no solo decretó la libertad de culto en el Imperio Romano por medio el Edicto de Milán en el 313 d.C , sino que ordenó un cambio sustancial en esos pendones portados por los legionarios. Así, el Águila Imperial sería reemplazada por una cruz latina, y la inscripción "S.P.R.Q" por la inscripción "I.H.S" (*In hoc signo vinces*), que se traduce como "*Con este signo vencerás*", aunque muchas veces se interpreta

Pretorio Romano de la Hdad. de San Benito. ASC

como el acróstico de "Ihesous". Simbólicamente, el "Senatus" representa con su presencia en los cortejos procesionales la implicación romana en el injusto proceso de Jesucristo.

Junto al Águila Imperial, otro de los grandes emblemas romanos lo encontramos en la Loba Capitolina, frecuentemente, llamada "Luperca". Esa loba que según la mitología amamantó a Rómulo y Remo dando lugar a la leyenda de la creación de Roma, la vemos, iconográficamente, representada en el paso de misterio de la Presentación al Pueblo de la Hermandad de San Benito, en cuya composición escultórica, el gran imaginero del siglo XX, Antonio Castillo Lastrucci, al igual que hiciera en el paso de misterio de la Sentencia de la Hermandad de la Macarena, trazó escenográficamente el Pretorio Romano. Ese cuartel general del ejército

Águila Imperial en el trono del paso de misterio de la Hdad. de la Macarena. PA

romano, que el Nuevo Testamento relaciona con el Palacio del procurador de Judea, Poncio Pilato, donde narran los Santos Evangelios que Jesús fue azotado y sentenciado. Cabe por

Llamador del paso de Ntro. Padre Jesús de la Sentencia. Hdad. de la Macarena. FJP

Longinos en el paso de misterio de la Hdad. de la Sagrada Lanzada. FJP

tanto, apuntar la escena de la Sagrada Columna y Azotes de la Hermandad de las Cigarreras, como propia del Pretorio Romano.

Dado que la muerte de Jesucristo se produjo por un dictamen romano, pese a ser los judíos los instigadores de la misma, el afán catequético ha hecho que la iconografía relacionada con las fuerzas romanas esté, enormemente, representada en nuestra Semana Santa, siendo muchos los pasos de misterio que presentan imágenes de romanos, en cualesquiera que fueran sus cargos, siendo el caso de las siguientes hermandades: Pino Montano, Dulce Nombre (Bellavista), Dolores de Torreblanca, Milagrosa, La Paz, Jesús Despojado, Estrella, Amargura, Polígono San Pablo, San Gonzalo, Cerro del Águila, San Esteban, San Benito, Bofetá, Carmen Doloroso, Sagrada Lanzada, Panaderos, Exaltación, Cigarreras, Macarena y Esperanza de Triana.

Igualmente, desde un punto de vista histórico conviene resaltar que desde el siglo XIX, la Semana Santa de Sevilla ha contado con la representación humana de Centurias Romanas tras algunos pasos procesionales, siendo el caso de las hermandades de la Sagrada Cena, San Agustín, Sagrada Lanzada, Los Panaderos, Las Cigarreras, La O, El Cachorro, Montserrat, La Mortaja, la Macarena y el Santo Entierro entre otras, si bien nunca llegarían a alcanzar la popularidad de la más conocida de todas, la Centuria Romana Macarena, vulgo los "Armaos", fundada en el año 1658 entre un grupo de vecinos de la collación de San Gil para escoltar al Cristo de la Sentencia durante su discurrir procesional. Una centuria romana que desde fines del siglo XIX y principios del siglo XX, experimentaría una gran eclosión, gracias en parte al influjo en su estética del que es considerado el más importante de

Pilatos. Paso de misterio de la Hdad. de la Macarena. FJP

la historia del bordado sevillano, Juan Manuel Rodríguez Ojeda.

En la Semana Santa que hoy conocemos, la Guardia Pretoriana de Pilatos se hace presente tras el paso del Señor de la Sentencia en la Hermandad de la Macarena durante la *Madrugá* y tras la urna que custodia el cuerpo inerte del Stmo. Cristo Yacente de la Hermandad del Santo Entierro en la tarde del Sábado Santo.

La Centuria Romana de la Hdad. de la Macarena tras el paso de misterio. ASC

Guardia Pretoriana de la Procesión del Santo Entierro. SG

Las Órdenes Mendicantes

Los orígenes de la Semana Santa de Sevilla se mueven en unos inciertos orígenes, si bien sabemos que en los años que siguen a la Reconquista de Sevilla, se van a crear asociaciones religiosas, germen de futuras hermandades, alrededor de órdenes religiosas y monásticas, particularmente, franciscanos y dominicos. Sin lugar a dudas, San Francisco de Asís y Santo Domingo de Guzmán serán el origen del movimiento mendicante en Europa, siendo el desarrollo de ambas congregaciones, absolutamente, notorio durante el siglo XIV. A ellas con el tiempo se le añadirían otras órdenes que acatarán la filosofía mendicante: agustinos, carmelitas, mercedarios, trinitarios, servitas, jerónimos, hermanos de San Juan de Dios y los mínimos. Estructuralmente, las órdenes mendicantes estaban compuestas por frailes -hombres hermanos-, que formaban la Primera Orden, "Sores" -mujeres hermanas-, que formaban la Segunda Orden; y Terciarios, también llamados hermanos de penitencia, que conformaban la Tercera Orden. Así, al amparo de estas órdenes y con un papel protagonista para los Terciarios, se van a fundar esas primeras asociaciones re-

Cruz de Santo Domingo. Paso de palio de la Hdad. de la Macarena. PA

Nazarenos de la Hdad. del Buen Fin. SG

Banderín de San Francisco. Hdad. de la Hiniesta. ASC

Nazarenos de la Hdad. de la
Soledad de San Buenaventura. ASC

ligiosas hispalenses durante la Edad Media. En ellas, los hermanos vivirán, intensamente, ese sentido penitencial por medio de la "disciplina" durante la Cuaresma, recordando con esa práctica los dolores de la Pasión de Cristo. Igualmente, dichas asociaciones religiosas o hermandades van a comenzar a realizar incipientes procesiones a otras iglesias, capillas u hospitales cercanos. Sin embargo, la creación del Vía Crucis al Huerto de los Ángeles

San Antonio y San Buenaventura. Paso de Cristo de Ntro. Padre Jesús de la Salud. Hdad. de los Gitanos. PA

San Agustín y Santo Domingo. Paso de palio de Mª Stma. del Rosario. Hdad. de Monte-Sión. ASC

desde el Palacio de San Andrés en 1521 y la Contrarreforma religiosa que trajo consigo el Concilio de Trento, ya en la segunda mitad del siglo XVI, harán que las hermandades y cofradías crezcan de manera numerosa, afanándose en realizar estaciones de penitencia pública.

Históricamente, muchas han sido a lo largo de la historia de la Semana Santa sevillana, las hermandades fundadas en torno a conventos, congregaciones éstas que recogían la vida espiritual y el carisma de las propias órdenes. El apogeo de estas hermandades conventuales se dará desde la segunda mitad del siglo XVI y durante el siglo XVII, convirtiéndose las cofradías en perfectos instrumentos para la difusión de la fe y para el mantenimiento de los conventos, bien por el alquiler de rentas por la utilización de capillas, bien por la propia compra de éstas dentro de los templos. Tal será la influencia de las órdenes mendicantes en las hermandades y cofradías sevillanas que muchas advocaciones iban a ser asumidas del mundo conventual, tal será el caso de la Virgen de los Dolores (Servitas), del Rosario (Dominicos) o de la Merced (Mercedarios). Igualmente, la organización institucional de las cofradías va a recordar a la de las propias órdenes religiosas, incluso el mismo régimen de admisión de hermanos, elección de sus miembros de gobierno o los elementos identificativos que debían llevar sus miembros. Ejemplos históricos y paradigmáticos de la relación cofradía-órden mendicante, los tenemos en la cofradía de la Veracruz, fun-

Nazareno de la Hdad. de los Servitas. SG

Nazarenos de la Hdad. de Monte-Sión. JM

dada en el Convento de San Francisco; las cofradías de la Soledad de San Lorenzo, las Siete Palabras y las Penas de San Vicente, alojadas en el convento grande del Carmen; las cofradías de la Entrada en Jerusalén, el Amor, y la de la Columna y Azotes -actual Cigarreras-, vinculadas al convento de los Padres Terceros Franciscanos; o la cofradía del venerado Cristo de San Agustín, fundada en el convento del mismo nombre. La decadencia de esa vinculación convento-cofradía tendría lugar en el siglo XIX, estando, hoy día, presente el recuerdo de esas órdenes mendicantes en las hermandades franciscanas de Veracruz, Buen Fin y Soledad de San Buenaventura, la hermandad dominica de Monte-Sión, y la Hermandad y Orden Tercera de los Siervos de María, llamada de Los Servitas.

Las Órdenes de Caballería

Creadas en el contexto de las Cruzadas para la defensa de los Santos Lugares y posteriormente entregadas a la defensa del Cristianismo, la participación bélica de las órdenes militares en la Reconquista Cristiana dio paso a la larga a un reconocimiento de éstas más socio-económico que religioso. Su proliferación a fines de la Edad Media bajo el nombre de "Órdenes de Caballería", haría que desde el siglo XVI, auspiciadas por Felipe II, fundasen cofradías, Compañías u Orden bajo la advocación de algún Santo, por lo que desde ese periodo, las órdenes de caballería van a estar muy unidas a nuestras cofradías, fomentándose las llamadas hermandades nobiliarias. Sin embargo, a fines del siglo XVII decaería el ejercicio de la caballería, convirtiéndose esas hermandades caballerescas en hermandades, meramente, religiosas. Tal sería la relación orden-cofradía, que muchas de ellas incorporaron a su heráldica el escudo de la orden a la que pertenecían o estaban vinculadas. Consiguientemente, dichos emblemas fueron incorporados, también, a pasos procesionales y enseres en recuerdo de ese espíritu patriótico que movió a estos caballeros a la defensa y consolidación del Cristianismo. Iconográficamente, constatamos la presencia de la heráldica de varias órdenes en distintos pasos y enseres de la Semana Santa de Sevilla. A saber: Orden de Calatrava, Orden de Santiago, Orden de Alcántara, Orden de Montesa, Orden de Malta y la Orden del Santo Sepulcro, identificadas todas con hábitos y cruces distintivas del mismo nombre, salvo la Orden del Santo Sepulcro que se asocia a la Cruz de Jerusalén. A modo de ejemplo, podemos verlas representadas en los siguientes lugares:

Cruz de la Orden de Montesa. Paso de misterio de la Hdad. de la Sagrada Lanzada. FJP

Cruz de Calatrava. Manto de Ntra. Sra. de Montserrat. FJP

Cruz de Santiago en el llamador del paso de misterio de la Hdad. de la Carretería. ASC

-Cruz de Calatrava: Heráldica y techo del palio de Ntra. Sra. de la Encarnación (Hdad. de San Benito), canastilla del paso de misterio de la Hdad. de la Sagrada Lanzada, faldones del paso de palio de Ntra. Sra. de la Esperanza Macarena, y bambalinas y manto de Nuestra Señora de Montserrat.

Cruz de Santiago. Hermandad de la Carretería. FJP

Cruz de Alcántara. Paso de palio de la Hdad. de San Benito. PA

Cruz de Malta. Canastilla paso de misterio de la Hdad. de la Sagrada Lanzada. FJP

-Cruz de Santiago: Heráldica de las hermandades de San Roque, la Redención, San Benito, la Exaltación y la Carretería; techo del palio de Ntra. Sra. de la Encarnación (Hdad. de San Benito), canastilla del paso de misterio de la Hdad. de la Sagrada Lanzada, faldones del paso de palio de Ntra. Sra. de la Esperanza Macarena, y toda iconografía relacionada con el apóstol Santiago.

-Cruz de Alcántara: Heráldica y techo del palio Ntra. Sra. de la Encarnación (Hdad. de San Benito), canastilla del paso de misterio de la Hdad. de la Sagrada Lanzada, y faldones del paso de palio de Ntra. Sra. de la Esperanza Macarena.

-Cruz de Montesa: Techo del palio de María Stma. de la Amargura; heráldica y techo del palio Ntra. Sra. de la Encarnación (Hdad. de San Benito), canastilla del paso de misterio de la Hdad. de la Sagrada Lanzada y faldones del paso de palio de Ntra. Sra. de la Esperanza Macarena.

-Cruz de Malta o de San Juan de Letrán: Heráldica de las hermandades la Amargura, el Amor, Santa Genoveva, Penas de San Vicente, San Esteban, Cigarreras, Monte-Sión, el Valle, Gran Poder, El Cachorro, Soledad de San Buenaventura y Soledad de San Lorenzo; techo del palio de María Stma. de la Amargura, canastilla del paso de misterio de la Sagrada Lanzada, y faldones del paso de palio de Ntra. Sra. de la Esperanza Macarena.

-Cruz de Jerusalén: Heráldica de las hermandades de la Sagrada Cena, Museo, Estudiantes y El Silencio.

Genuinamente sevillana sería la creación en 1670 de otra orden, la Real Maestranza de Caballería de Sevilla, fundada por los herederos de esos nobles caballeros que tras participar en la Reconquista Cristiana de Sevilla junto a San Fernando, crearon una hermandad con el nombre de San Hermenegildo, a quien Alon-

Cruz de Jerusalén. Paso de misterio de la Hdad. de la Sagrada Lanzada. FJP

so Morgado recoge como patrón de la ciudad en su *Historia de Sevilla* publicada en 1587. La Real Maestranza se erige a fines del siglo XVII en una coyuntura donde se hacía necesaria la participación de la nobleza en la defensa de la patria. Iconográficamente, el emblema de esta orden se compone de un óvalo, timbrado por la corona real, sobre el que se inserta un caballero con armadura sosteniendo una justa y galopando a caballo. El conjunto se orla con la inscripciones "*Societas Equestril Hispal*" y "Real Maestranza de Caballería". En la Semana Santa de Sevilla podemos verlo representado en un guión dentro del cortejo penitencial de la Hermandad del Baratillo y en los faldones del paso de Nuestra Señora de la Soledad (Hermandad de la Soledad de San Lorenzo).

Actualmente, una representación de las Órdenes de Calatrava, Santiago, Alcántara y Montesa, participan en la procesión del Cor-

Escudo de la Real Maestranza de Caballería de Sevilla en los ciriales de la Hdad. de la Soledad de San Lorenzo. ASC

Real Maestranza de Caballería. Faldones del paso de la Soledad de San Lorenzo. JJ

pus Christi, situándose tras el paso del Rey San Fernando, conjuntamente con otras órdenes militares como la Sacra y Militar Orden Constantiniana de San Jorge, Orden de San Hermenegildo, Diputación de la Grandeza, Orden de San Clemente, Orden del Santo Sepulcro y Orden de Malta.

El Reino de España

Las Hermandades y Cofradías que hacen penitencia a la Santa Catedral durante la Semana Santa presentan unos títulos o denominaciones canónicas que son el resultado evidente de sus años de historia. Entre ellos se encuentra el de "Real", símbolo inequívoco de la vinculación a ellas de algún monarca o miembro de la realeza. Dicho título, lógicamente, lo veremos transportado a insignias y enseres varios, siendo la corona, el león y el castillo, los signos más reconocibles de toda iconografía relacionada con la Corona Real Española.

Así, bien como símbolo absoluto de la vinculación de la corporación a la Monarquía Española, bien por motivos históricos, lo cierto es que el escudo nacional, en sus distintas interpretaciones históricas (Carlos III, Isabel II, Casa de Borbón, etc.), se hace, iconográficamente, presente en los escudos heráldicos de las siguientes hermandades: Sagrada Cena,

Faldones del paso de misterio de la Hdad. de los Servitas. ASC

Corona de Mª Stma. del Refugio. Hdad. de San Bernardo ASC

Frontal del paso de misterio de la Hdad. de la Quinta Angustia. PA

San Roque, Estrella, Amargura, El Amor, Las Aguas, Museo, San Bernardo, Panaderos, Negritos, Exaltación, Cigarreras, Monte-Sión, Pasión, Gran Poder, Macarena, Calvario, Los Gitanos, Soledad de San Buenaventura, Montserrat, Santo Entierro y Soledad de San Lorenzo.

Dado, que consiguientemente, dichos escudos tienen su transportación en diferentes insignias y enseres, pasamos a detallar, a modo de ejemplos, algunos de ellos:

–Gloria de palio de Nuestra Señora del Subterráneo (Hdad. de la Sagrada Cena).

–Bambalina delantera del palio de Nuestra Señora del Refugio (Hdad. de San Bernardo).

–Bambalina trasera del palio de Nuestra Señora de la Caridad (Hdad. del Baratillo).

–Gloria y Manto de Nuestra Señora de las Lágrimas (Hdad. de la Exaltación).

Gloria del paso de palio de la Hdad. de Pasión. PA

Paso de palio de la Hdad. de la Macarena. FJP

-Manto de Ntra. Sra. del Valle (Hdad. del Valle).

-Corona de salida de Nuestra Señora de la Esperanza Macarena (Hdad. de la Macarena).

-Manto de Nuestra Señora de los Dolores (Hdad. de los Servitas).

Finalmente, las alusiones al castillo y al león, propios del escudo de Castilla y León, recorren, ampliamente, el manto de Nuestra

Gloria del paso de palio de la Hdad. de la Exaltación. FJP

Manto de Ntra. Sra. de los Dolores. Hdad. de los Servitas. FJP

Señora de Montserrat (Hdad. de Montserrat) y la heráldica de la Hdad. de la Trinidad, debiendo significarse por su importancia simbólica, la inclusión del "Pendón Morado de Castilla" en el cortejo de las Cigarreras, significando la presencia del propio Rey en el desfile procesional.

Insignia de la Hdad. de la Vera Cruz. FJP

Pendón Morado de Castilla. Hdad. de las Cigarreras. FJP

Techo del paso de palio de la Hdad. de las Cigarreras. JJ

6
Iconografía Devocional

El Patronazgo de Sevilla

Virgen del Pilar en la Gloria del palio de la Hdad. de las Aguas. ASC

Mucho ha sido lo que se ha escrito acerca del Patronazgo de la ciudad de Sevilla, si bien, es cierto que históricamente, dicho patronazgo ha recaído en distintas advocaciones. Así, la primeras noticias sobre un patrón de Sevilla, la encontramos en el siglo I, cuando relatan los cronicones que San Pío Martir fue considerado primer titular la archidiócesis, mandando realizar una imagen de la Virgen María sobre una columna, a la que daría el nombre de Virgen del Pilar, otorgándosele la condición de patrona y protectora de la ciudad. Así, se le acabaría erigiendo una basílica en su honor, sobre cuyos restos se levantó, posteriormente, la actual Parroquia de San Vicente. Un acontecimiento de enormes lagunas historiográficas, que debemos encuadrar más que nada en el terreno de la leyenda, pues la devoción a la Virgen del Pilar sería traída a Sevilla tras la Reconquista de la ciudad en 1248 por los soldados navarros. A pesar de todo, son diversos los historiadores actuales que otorgan verosimilitud a dicha historia, por lo que siguen considerando a la Virgen del Pilar como primitiva patrona de la ciudad.

Virgen del Pilar. Paso de palio de la Hdad. de la Macarena. FJP

Virgen del Pilar en el paso de palio de la Hdad. del Museo. PA

Hiniesta Gloriosa en la Cruz de Guía de la Hdad. de la Hiniesta. PA

La Semana Santa de Sevilla no ha escapado a tan arraigada devoción nacional, por lo que el recuerdo de esta advocación mariana se haya repartido en distintos pasos procesionales. Así y de una manera destacada, podemos ver a la Virgen del Pilar representada en los siguientes lugares: Entrecalle de la candelería del paso de palio de Ntra. Sra. de la Salud (Hdad. de San Gonzalo), gloria del paso de palio de Ntra. Sra. de Guadalupe (Hdad. de Las Aguas), entrecalle de la candelería del paso de palio de Ntra. Sra. de las Aguas (Hdad. del Museo) y entrecalle de la candelería del paso de palio de Ntra. Sra. de la Esperanza Macarena (Hdad. de la Macarena).

Hiniesta Gloriosa en la Gloria del paso de palio de la Hdad. de la Hiniesta. PA

Hiniesta Gloriosa. Paso de palio de la Hdad. de los Gitanos. FJP

Junto a la Virgen de Pilar, la ciudad de Sevilla ha reconocido a lo largo de la historia otros patronazgos para sí misma y para alguna de sus instituciones. Así, la Virgen de la Sede fue nombrada entre 1259 y 1288, patrona de la sede episcopal por el arzobispo Raimundo de Losada. Ya en el año 1587, el sacerdote e investigador Alonso Morgado recoge en su obra "Historia de Sevilla", el nombramiento como patrón de Sevilla de San Hermenegildo, cuya iconografía sobresale en la semana mayor hispalense en los respiraderos del paso de misterio del Stmo. Cristo de la Buena Muerte (Hdad. La Hiniesta), respiraderos del paso de palio de Ntra.

San Hermenegildo. Paso de misterio de la Hdad. del Carmen Doloroso. SG

Sra. de Gracia y Amparo (Hdad. Los Javieres), manto de Ntra. Sra. de la Angustia (Hdad. de los Estudiantes) y canastilla del paso de misterio de la Hdad. del Carmen Doloroso.

Igualmente, siglos más tarde, ya en el siglo XVII y por atribuírsele el fin de la epidemia de peste de la ciudad, a la Hiniesta Coronada se le otorgó la condición de patrona y protectora del Ayuntamiento. El recuerdo de esta devoción se hace muy presente en la Hermandad de la Hiniesta, sobresaliendo su iconografía en la cruz de guía de la corporación, en un banderín propio, en un templete colocado en la entrecalle de la candelería del paso de palio de la Hiniesta Dolorosa y en la gloria que preside dicho palio, donde además porta el bastón de alcaldesa honoraria. Del mismo modo, la Hiniesta Coronada está presente en una capilla de los respiraderos del paso de palio de Ntra. Sra. de las Angustias (Hdad. de los Gitanos). Finalmente, hemos de reseñar que a San Fernando, San Isidoro y San Leandro, Santas Justa y Rufina y a la Virgen de los Reyes, se les atribuyen y otorgan diversos patronazgos de Sevilla, que lo describiremos en sucesivos capítulos.

Nuestra Señora de los Reyes

Cada 15 de agosto, la ciudad celebra la festividad de Nuestra Señora de los Reyes, patrona de la Archidiócesis de Sevilla desde el año 1946. Ese año, el cardenal Segura, muy volcado en la devoción a tan antigua devoción, le concedió tal condición con beneplácito del pontífice Pío XII. La imagen, escultura sentada de vestir que sostiene en sus manos al Niño Jesús, hunde sus orígenes en el siglo XIII. En torno a ese origen existe mucha leyenda. Así, ésta cuenta que fue realizada por los ángeles y que fue donada por el rey Fernando III "el Santo", quien a su vez la recibió de su primo, el rey francés Luis IX. Sin embargo, lo más probable es que la talla mariana llegara a la catedral hispalense en tiempos del rey Alfonso X, recibiendo culto, desde entonces, en la Capilla Real.

Paso de Ntro. Padre Jesús de la Pasión. ASC

Gloria del paso de palio de la Hdad. de la Sagrada Cena. ASC

La venerada imagen fue coronada canónicamente el 4 de diciembre del año 1904, gozando, desde entonces, del privilegio de ser la primera imagen de la Virgen coronada de esta

Paso de palio de la Hdad. de San José Obrero. FJP

manera en toda Andalucía. Junto a tal distinción, la Virgen de los Reyes cuenta, además, con el patronazgo del Consejo de Hermandades y Cofradías de Sevilla y la Medalla de Oro de Sevilla (1958), ciudad que la reconoce, también, con el nombramiento de Alcaldesa Perpetua Honoraria, de ahí que porte las llaves de la ciudad y el bastón de mando de honor del Cabildo Municipal.

Iconográficamente, se trata de una imagen del siglo XIII de candelero, de autoría anónima y tamaño natural (176 cms). De estilo gótico, posiblemente francés, presenta tallado rostro, manos y pies, siendo articulada en hombros y rodillas para favorecer su estado natural, el de sentada. El Niño Jesús, también del siglo XIII, presenta una tipología similar a la Virgen. En la Semana Santa de Sevilla, las representaciones de la Virgen de los Reyes son muy abundantes y numerosas, si bien, las más notables quedan pormenorizadas en la siguiente relación:

Guión de la Hdad. de la Redención. PA

-Entrecalle de la candelería del paso de palio de María Santísima de la Amargura (Hdad. de la Amargura).

-Capilla en respiraderos del paso de palio de Ntra. Sra. de la Paz (Hdad. de la Paz).

-Gloria del techo de palio de Ntra. Sra. del Subterráneo (Hdad. de la Sagrada Cena).

-Gloria del techo de palio de Ntra. Sra. del Socorro (Hdad. del Amor).

-Guión en la Hermandad de la Redención.

-Basamento de uno de los varales del paso de palio de Nuestra Señora de las Aguas (Hdad. Museo).

-Faldones del paso de Nuestro Padre Jesús de la Salud (Hdad. de la Candelaria).

-Respiraderos del paso de palio de Nuestra Señora del Buen Fin (Hdad. de la Sagrada Lanzada).

-Respiraderos del paso Ntro. Padre Jesús de la Pasión (Hdad. de Pasión).

-Entrecalle de la candelería del paso de palio de Nuestra Señora de la Merced (Hdad. de Pasión). En dicho paso aparece, también, una cartela conjunta de la Virgen de los Reyes y Martínez Montañés tallando a Jesús de la Pasión con la leyenda " Juan Martínez Montañés, la Justa Medida".

-Basamento de uno de los varales del paso de palio de Nuestra Señora de Montserrat.

-Respiraderos del paso de palio de Nuestra Señora de la Esperanza (Hdad. de la Trinidad).

Respiraderos del paso de palio de la Hdad. de Pasión. ASC

Gloria del paso de palio
le la Hdad. del Amor. PA

Gloria del paso de palio de la Hdad.
de la Sagrada Cena. FJP

Paso de palio de la Hdad. de las
Siete Palabras. PA

Paso de palio
de la Hdad. del
Museo. PA

'aso de palio de la Hdad.
e la Sagrada Lanzada. FJP

Paso de palio de la Hdad.
de la Trinidad. FJP

Paso de palio de la Hdad.
de los Gitanos. FJP

Paso de palio
de la Hdad. de
la Paz. ASC

Fernando III el Santo

Popularmente conocido como "San Fernando", el rey Fernando III de Castilla puede considerarse una de las grandes devociones de Sevilla, ciudad que reconquistó del dominio musulmán en el año 1248. Su predilección por esta ciudad a la que tanto amó, hizo que fuera enterrado en la Capilla Real de la catedral hispalense. La Iglesia Católica, bajo el pontificado de Clemente X, lo elevó a los altares en el año 1671 como compensación a sus virtudes cristianas, declarándose, desde ese instante, patrón de Sevilla, que celebra su festividad cada 30 de mayo.

Iconográficamente, su mayor representación podemos verla el día del Corpus Christi, cuando por las calles de Sevilla, revestidas de juncia y romero, procesiona una imagen suya realizada por el insigne imaginero del siglo XVII, Pedro Roldán, quien la realizó con motivo de la canonización del monarca castellano. Tanto en la pintura como en la escultura, al "Rey Santo" se le representa con manto y corona de realeza, sosteniendo en su mano izquierda una espada y en su mano derecha el orbe timbrado por una cruz, símbolo del triunfo del Cristianismo sobre otras religiones.

En la Semana Santa de Sevilla está muy representada tan arraigada devoción. No en vano son muchos los pasos procesionales y enseres donde aparece representado, si bien, conviene destacar sus más notables representaciones en la siguiente relación:

Cartela del paso de misterio de la Hdad. de las Siete Palabras. ASC

Guion de la Hdad. de la Redención. PA

-Respiraderos del paso de palio de Nuestra Señora de la Paz (Hdad. de la Paz).

Manto de Mª Stma. de la Angustia. de la Hdad. de los Estudiantes, paso de palio de la Hdad. de Monte-Sión y respiradero del paso de palio de la Hdad. de la Trinidad. ASC

-Respiraderos del paso de misterio del Stmo. Cristo de la Buena Muerte (Hdad. La Hiniesta).

-Guión, Estandarte y respiradero del misterio del Beso de Judas (Hdad de la Redención).

-Entrecalle de la candelería del paso de palio de Nuestra Señora del Rocío (Hdad. de la Redención).

-Respiraderos del paso de palio de Nuestra Señora de Gracia y Amparo (Hdad. Los Javieres).

-Manto y respiraderos del paso de palio de Nuestra Señora de la Angustia (Hdad. de Los Estudiantes).

-Canastilla del paso de misterio de Nuestro Padre Jesús de la Paz (Hdad. del Carmen Doloroso).

-Basamento de uno de los varales del palio de María Stma. del Rosario (Hdad. de Monte-Sión)

-Canastilla del paso de Nuestro Padre Jesús de la Pasión (Hdad. de Pasión).

-Respiraderos del paso de palio de Nuestra Señora de las Angustias (Hdad. de Los Gitanos).

-Respiraderos del paso de palio de Nuestra Señora de la Esperanza (Hdad. de la Trinidad).

Respiradero del paso de misterio, Estandarte y detalle del paso de palio de la Hdad. de la Redención. PA

Cartela de un respiradero del paso de misterio de la Hdad. de las Siete Palabras. JJ

De otro lado, la iconografía de San Fernando, conjuntamente con la Virgen de las Batallas, aparece recogida de forma destacada en los siguientes lugares:

–Cartela lateral de un respiradero del paso de misterio del Santísimo Cristo de las Siete Palabras.

–Llamador del paso de misterio de Nuestro Padre Jesús de la Paz (Hdad.del Carmen Doloroso).

Llamador del paso de misterio de la Hdad. del Carmen Doloroso. FJP

Paso de misterio de la Hermandad. del Carmen Doloroso. SG

Santas Justa y Rufina

Gloria del paso de palio de la Hdad. de San Bernardo. PA

En el santoral sevillano pervive el recuerdo de dos hermanas alfareras que vivieron en la Hispalis romana del siglo III d.C: Justa (268 a.C) y Rufina (270 a.C), que murieron martirizadas por su defensa del Cristianismo. Canonizadas por la Iglesia Católica, cada 17 de julio se celebra su festividad. La estela de espiritualidad de ambas caló tanto en la religiosidad popular de Sevilla, que ya en el siglo XVI fueron nombradas Patronas de la ciudad y de los alfareros, si bien, en muchas ocasiones se les considera copatronas menores. En algunos momentos de la historia de Sevilla fueron consideradas como intercesoras ante los males de la ciudad, como ocurrió en el terremoto de 1504, atribuyéndose a su intervención el sostenimiento de la Giralda para que no se derrumbara.

Santa Justa. Paso de misterio de la Hdad. del Carmen Doloroso. SG

La iconografía con la que hoy las identificamos, la representa con ampulosos vestidos, la Giralda en medio de ambas, palmas en las manos en señal de martirio y cántaros cerámicos a sus pies. En el arraigo de esta iconografía jugarían un papel destacado los reconocidos artistas sevillanos del siglo XVII, Bartolomé Esteban Murillo y Diego Velázquez. La devoción por Justa y Rufina es tal en la ciudad, que podemos verlas

Santas Justa y Rufina. Paso de palio de Mª Stma. Madre de los Desamparados. Hermandad de San Esteban. ASC

Llamador del paso de misterio de la Hdad. de la Estrella. FJM

Paso de palio de la Hdad. de Pasión. ASC

representadas en la gran procesión del Corpus Christi en dos imágenes que fueron realizadas por el imaginero Duque Cornejo.

Gloria del paso de palio de la Hdad. de la Estrella. JM

El recuerdo de las santas mártires alfareras lo tenemos presente en distintas hermandades penitenciales sevillanas, si bien, por su notabilidad, conviene destacar su presencia en los siguientes lugares:

Paso de palio de la Hdad. de la Sagrada Lanzada. FJP

-Guión, respiraderos y llamador del paso de palio de la María Stma. de la Estrella (Hdad. de la Estrella).

-Respiraderos del paso de palio de Nuestra Señora de los Desamparados (Hdad. de San Esteban).

-Manto de Nuestra Señora de la Angustia (Hdad. de los Estudiantes).

Santa Justa. Paso de palio de la Hdad. de los Gitanos. FJP

Santa Rufina. Paso de palio de la Hdad. de los Gitanos. PA

-Candelabros del paso de palio de Nuestra Señora de la Candelaria (Hdad. de la Candelaria).

-Respiraderos del paso de palio de Nuestra Señora del Buen Fin (Hermandad de la Lanzada).

-Gloria del paso de palio de Nuestra Señora del Refugio (Hdad. de San Bernardo).

-Respiraderos del paso de misterio del Stmo. Cristo de las Siete Palabras (Hdad. Siete Palabras).

-Respiraderos del paso de Nuestro Padre Jesús de la Pasión (Hdad. Pasión).

-Respiraderos del paso de palio de Nuestra Señora de la Merced (Hdad. Pasión).

-Respiraderos del paso de palio de Nuestra Señora de las Angustias (Los Gitanos).

San Leandro y San Isidoro

Muy veneradas en el particular santoral hispalense son las imágenes de los hermanos y obispos visigodos, San Leandro y San Isidoro, a quienes se consideran, popularmente, patrones de Sevilla, muy particularmente desde que la Santa Sede nombrara a San Isidoro como patrón de la archidiócesis de Sevilla el 23 de julio de 1868. Tal fue la influencia de San Leandro y San Isidoro en la consolidación del Cristianismo en general y en Sevilla en particular, que sus iconografías aparecen reflejadas en el escudo de la ciudad junto con otro de los grandes santos de la historia hispalense, el rey San Fernando. Además, San Isidoro da nombre a la céntrica parroquia donde se encuentra establecida, canónicamente, la conocida Hermandad de San Isidoro, que realiza estación de penitencia en la tarde del Viernes Santo. Iconográficamente, ambos santos aparecen representados como Obispos y Padres de la Iglesia. De sus indumentarias sobresalen báculo y mitra, que hacen referencia a su dignidad episcopal. San Isidoro porta en su mano un libro abierto, símbolo de su enorme capacidad intelectual, plasmada en sus conocidas "Etimologías", mientras que San Leandro aparece, indistintamente, con un

San Isidoro en un Guion de la Hdad. de los Estudiantes. ASC

San Isidoro. Paso de palio de la Hdad. de la Exaltación. ASC

San Isidoro y San Leandro en cartelas del paso de palio de la Hdad. de San Esteban. ASC

libro cerrado o con un pergamino abierto con la inscripción "*Credite o gothi consubstantialem patri*", que se traduce como "*Creed, godos, que Él es de la misma naturaleza que el Padre*" y simboliza su defensa a ultranza del Cristianismo frente a la herejía arriana.

Las representaciones de San Isidoro y San Leandro en la Semana Santa hispalense son

San Isidoro. Paso de misterio de la Hdad. del Carmen Doloroso. SG

bastante numerosas, si bien, de entre todas ellas, conviene significar las siguientes:

-San Leandro-

-Respiraderos del paso de misterio del Stmo. Cristo de la Buena Muerte (Hdad.de La Hiniesta).

-Respiraderos del paso de palio de Nuestra Señora de Gracia y Amparo (Hdad. de Los Javieres).

-Respiraderos del paso de palio de Nuestra Señora de los Desamparados (Hdad. de San Esteban).

-Manto de Nuestra Señora de la Angustia (Hdad. de los Estudiantes).

-Canastilla del paso de misterio del Carmen Doloroso.

Imagen de San Isidoro en el manto del paso de palio de la Hdad. de los Estudiantes. ASC

San Isidoro en el paso de palio de Ntra. Sra. de Loreto de la Hdad. de San Isidoro. ASC

-Respiradero frontal del paso de misterio del Stmo. Cristo de Siete Palabras (Hdad. de las Siete Palabras).

-Capilla de entrevaral del paso de palio de Nuestra Señora de las Lágrimas (Hdad. La Exaltación).

-Delantera de la candelería del palio de Nuestra Señora del Patrocinio (Hdad. El Cachorro).

-San Isidoro-

-Respiraderos del paso de misterio del Stmo. Cristo de la Buena Muerte (Hdad. La Hiniesta).

-Respiraderos del paso de palio de Nuestra Señora de Gracia y Amparo (Hdad. Los Javieres).

-Respiraderos del paso de palio de Nuestra Señora de los Desamparados (Hdad. de San Esteban).

San Isidoro y San Leandro. Paso de Ntro. Padre Jesús de la Pasión. PA

-Manto de Ntra. Señora de la Angustia (Hdad. de los Estudiantes).

-Canastilla del paso de misterio del Carmen Doloroso.

-Respiradero frontal del paso de misterio del Santísimo Cristo de Siete Palabras (Hdad. de las Siete Palabras).

-Capilla de entrevaral del paso de palio de Ntra. Sra. de las Lágrimas (Hdad. La Exaltación).

-Delantera de la candelería del palio de Ntra. Sra. del Patrocinio (Hdad. de El Cachorro).

-Entrecalle de la candelería del paso de palio de Ntra. Sra. de Loreto (Hdad. de San Isidoro).

Las Grandes Devociones de la Ciudad

Una vez descritas en capítulos anteriores las representaciones iconográficas en la Semana Santa de Sevilla de santos relacionados con el patronazgo hispalense, conviene detenerse en las representaciones de otras devociones, no menos numerosas, que también quedan plasmadas en diversos pasos y enseres de las distintas hermandades y cofradías. Devociones, custodias en muchos casos de siglos de antigüedad, que no solo están muy arraigadas en la historia de la ciudad, sino que son imprescindibles para entender la piedad popular sevillana. Así, orfebres e imagineros de escultura decorativa se han afanado a lo largo de los años para que pasos de Cristo y de Virgen luzcan resplandecientes jaspeados de estas especiales veneraciones por las que Sevilla se inclina. Así, sírvanos como ejemplo la siguiente relación de Vírgenes, Santos, Beatos y Venerables de especial fervor entre los sevillanos y su representación escultórica:

-Santa Ana con la Virgen y el Niño: Respiraderos del paso de palio de María Stma. de la Estrella, manto de Nuestra Señora de la Angustia (Hdad. de los Estudiantes), faldón delantero del paso de palio de Ntra. Sra. de la Esperanza (Hdad. de la Esperanza de Triana) y gloria del palio de Ntra. Sra. de las Angustias (Hdad. de los Gitanos).

Virgen de la Cabeza. Paso de palio de la Hdad. del Museo. JJ

-Santa Ángela: Respiraderos de los pasos de palio de la Paz (Hdad. de la Paz), la Hiniesta (Hdad. de la Hiniesta) y Ntra. Sra. de los Desamparados (Hdad. de San Esteban), relicario en la Hdad. de la Amargura, respiraderos del palio de manto de Ntra. Sra. de la Angustia (Hdad. de los Estudiantes) y canastilla del misterio del Carmen Doloroso.

Cartela del Sagrado Corazón del paso de misterio de la Hdad. de las Siete Palabras. JJ

Conjuntamente con San Leandro, San Isidoro y Santa Justa y Rufina, la Madre Angelita aparece en la cartela del Sagrado Corazón que preside el respiradero delantero del paso de misterio del Stmo. Cristo de las Siete Palabras.

Santa Ángela en el paso de palio de la Hdad. de la Hiniesta. PA

-Cardenal Spínola: Reliquia en entrecalle de la candelería del paso de palio de Ntra. Sra. de los Dolores (Hdad. Santa Cruz), canastilla del paso de misterio del Carmen Doloroso, respiraderos del paso de palio de Ntra. Sra. de los Desamparados (Hdad. de San Esteban) y reliquia bajo templete en el cortejo de la Hermandad de los Negritos.

-Doña María Coronel: Canastilla del paso de misterio del Carmen Doloroso.

-San Juan Bosco: Basamento varal del palio de Ntra. Sra. de las Lágrimas (Hdad. de la Exaltación) y respiraderos del palio de Ntra. Sra. de la Esperanza (Hdad. La Trinidad).

-Santa María de la Purísima: Canastilla del paso de misterio del Carmen Doloroso.

-Miguel Mañara: Respiraderos del palio de Ntra. Sra. de los Desamparados (Hdad. de San Esteban) y canastilla del paso de misterio de Ntro. Padre Jesús de la Paz (Hdad. del Carmen Doloroso).

-Padre Tarín: Respiraderos del palio de Ntra. Sra. de los Desamparados (Hdad. de San Esteban).

-Virgen de la Cabeza: Gloria del palio de Ntra. Sra. de la Cabeza (Hdad. de las Siete Palabras).

-Virgen de Covadonga: Entrecalle de la candelería del palio de Ntra. Sra. de Tristezas (Hdad. de Veracruz).

Santa Ángela, Madre Mª Purísima, Doña María Coronel y Miguel de Mañara
en el paso de misterio de la Hdad. del Carmen Doloroso. SG

Virgen de la Antigua. Gloria del paso de palio de Ntra. Sra. de los Dolores de la Hdad. del Cerro. ASC

Imagen de la Milagrosa en el paso de palio de Ntra. Sra. de la Salud de la Hdad. de San Gonzalo. PA

–Virgen de la Cinta: Entrecalle de la candelería del palio de Ntra. Sra. de los Dolores (Hdad. de El Cerro del Águila).

–Virgen de los Desamparados: Basamento de uno de los varales del palio de Ntra. Sra. de las Aguas (Hdad. del Museo).

–Divina Enfermera: Gloria del palio de Ntra. Sra. del Buen Fin (Hdad. Sagrada Lanzada).

–Divina Pastora: Respiraderos del palio de Ntra. Sra. de las Angustias (Hdad. de los Gitanos).

Virgen de Regla. Paso de palio de la Hdad. de los Panaderos. PA

Ntra. Sra. de Montserrat. Paso de palio de la Hdad. del Museo. PA

–Virgen de Guadalupe de México: Entrecalle de las candelerías de los pasos de palio de Ntra. Sra. de Guadalupe (Hdad. de las Aguas), Ntra. Sra. de la Caridad (Hdad. del Baratillo) y María Stma. del Rosario (Hdad. de Monte-Sión).

–María Auxiliadora: Respiraderos de los palios de Ntra. Sra. de la la Paz (Hdad. de la Paz) y Ntra. Sra. de la Esperanza (Hdad. La Trinidad).

–Virgen de Montserrat: Basamento de uno de los varales del palio de Ntra. Sra. de las

Aguas (Hdad. del Museo) y Guión y entrecalle de la candelería del palio de Ntra. Sra. de Montserrat (Hdad. de Montserrat).

-Milagrosa: Respiradero del palio de Ntra. Sra. de la Salud (Hdad. San Gonzalo).

-Pura y Limpia del Postigo: Llamador del palio de Ntra. Sra. de las Lágrimas (Hdad. de la Exaltación).

-Reina de Todos los Santos: Respiradero del palio de Ntra. Sra. de Gracia y Amparo (Hdad. de Los Javieres), gloria del palio de Ntra. Sra. del Carmen Doloroso y respiraderos del palio de Ntra. Sra. de la Esperanza (Hdad. de La Trinidad).

-Virgen de Regla: entrecalle de la candelería del palio de Ntra. Sra. de Regla (Hdad. de Los Panaderos).

-Virgen del Rocío: Manto de María Stma. del Rocío (Hdad. de la Redención), basamento de uno de los varales del palio de Ntra. Sra. de las Aguas (Hdad. del Museo), Bacalao de la Hdad. del Rocío de Sevilla (El Salvador) en el cortejo penitencial de la Hdad. de Pasión, respiraderos de los palios de Ntra. Sra. de las Angustias (Hdad. de los Gitanos) y de Ntra. Sra. de la Esperanza (Hdad. La Trinidad) y entrecalle de la candelería del palio de Ntra. Sra. del Patrocino (Hdad. del Cachorro). La leyenda de la aparición aparece recogida en una cartela del respiradero frontal del palio de María Stma. del Rocío (Hdad. de la Redención) y en uno de los varales del palio de Ntra. Sra. de la Merced (Hdad. de Pasión).

Manto de Mª Stma. del Rocío.
Hdad. de la Redención. PA

Pastora de Capuchinos, Pura y Limpia del Postigo, Mª Auxiliadora y Ntra. Sra. Reina de Todos los Santos.
Paso de palio de la Hdad. de la Trinidad. FJP

María Auxiliadora y Santa Ángela en el paso de palio de la Hdad. de la Paz y
Santa Ángela y la Virgen de Guadalupe en el paso de palio de la Hdad. de Monte-Sión. ASC

Virgen del Guadalupe. Llamador del paso de palio de Mª Stma. de Guadalupe. Hdad. de las Aguas. ASC

Virgen de la Cabeza. Paso de palio de la Hdad. de las Siete Palabras. PA

Virgen de Guadalupe. Paso de palio de la Hdad. del Baratillo. ASC

Virgen del Rocío. Paso de palio de la Hdad. de la Redención. ASC

Virgen del Rocío. Paso de palio de la Hdad. de los Gitanos. FJP

Virgen de Covadonga. Palio de la Hdad. de la Vera Cruz. FJP

Los Santos en la Semana Santa de Sevilla

El enorme poso devocional del que es depositario el santoral católico ha hecho que la iconografía cristiana se haya prodigado en la propagación del culto a los santos por medio de sus representaciones pictóricas y escultóricas. En este sentido, la piedad popular, muy particularmente desde tiempos medievales, ha favorecido mucho la divulgación de las virtudes cristianas de unos y de otros, no siendo ajena la Semana Santa de Sevilla a estas representaciones.

Lo primero que tenemos que decir es que la iconografía de los santos es, absolutamente, prolífica dentro de la Semana Santa hispalense,

Guion de San Juan Pablo II. Hdad. de la Estrella. ASC

Santa Ana, la Virgen y el Niño. Faldones del paso de palio de la Hdad. de la Esperanza de Triana. ASC

hasta el punto que muchos de esos santos dan nombre a algunas de nuestras hermandades y cofradías, tal es el caso de las hermandades de San Roque, Santa Genoveva, Santa Marta, San Gonzalo, San Benito, San Esteban, San Bernardo, San Buenaventura y San San Isidoro, siendo en muchos casos titulares de las mismas, caso, por ejemplo, de San Isidro o San Antonio María Claret, en la hermandad de vísperas de Pino Montano y La Misión, respectivamente. Igualmente, la representación de Santos y Santas de la Iglesia Católica está muy repartida entre enseres, pasos de Cristo y de Virgen, siendo especialmente relevante las imágenes de esculturas decorativas en talla de madera u orfebrería. A continuación, se muestra una relación de la respresentaciones más destacadas de los Santos en la Semana Santa hispalense:

–San Andrés: Llamador del paso de palio de la Hdad. de los Panaderos.

San Isidro Labrador. Paso de misterio de la Hdad. de Pino Montano. FJP

San Nicolás. Paso de Ntro. Padre Jesús de la Salud. Hdad. de la Candelaria. ASC

-San Antonio de Padua: Templete en entrecalle de la candelería del paso de palio de La Bofetá

-San Antonio María Claret: Basamento de uno de los varales del paso de palio de la Hdad. de la Exaltación.

-San Agustín: respiraderos del paso de palio de la Hdad. de los Gitanos

-Santa Bárbara: Guion y faldones del paso de palio de Ntra. Sra. del Refugio (Hdad. de San Bernardo) y manto de Ntra. Sra. de la Angustia (Hdad. de los Estudiantes).

-San Benito: Capilla en la canastilla del paso del Stmo. Cristo de la Sangre de la Hdad. de San Benito.

Santa Bárbara. Faldones del paso de palio de la Hdad. de San Bernardo. PA

Santo Tomás. Paso del Stmo. Cristo de las Cinco Llagas. Hdad. de la Trinidad. ASC

-Santa Catalina: Entrecalle del paso de palio de La Exaltación y respiraderos del paso de palio de Los Gitanos.

-San Cayetano: Respiraderos del paso de palio de Los Gitanos.

-Santo Domingo: Varales de los pasos de palio de Monte-Sión y la Exaltación; y respiraderos del palio de Los Gitanos.

-San Francisco de Asís: Relicario en la Hdad. de la Paz y templete en entrecalle de la candelería del paso de palio del Ntra. Sra. de la Palma de la Hdad. del Buen Fin.

-San Francisco Javier: Llamador del paso de Cristo y cartela en respiraderos del paso de palio de Los Javieres.

-San Francisco de Paula: Respiraderos del paso de palio de Ntra. Sra. de la Estrella (Hdad. de la Estrella).

-Santa Genoveva: Banderín en Hdad. de Santa Genoveva.

-Santa Isabel con la Virgen: Respiraderos del paso de palio de Santa Genoveva, respiradero y varal del paso de palio de Pasión y techo del paso de palio del Buen Fin.

-Santa Isabel y Juan Bautista con la Virgen y el Niño: Gloria del paso de palio del Cristo de Burgos.

-San Joaquín: Basamento de uno de los varales del paso de palio de la Exaltación.

San Francisco Javier. Llamador del paso del Stmo. Cristo de las Almas. Hdad. de los Javieres. FJP

Reliquia de San Juan de Ribera. Paso de Misterio de la Hdad. de San Esteban. FJP

–San José: Basamento de uno de los varales del paso de palio de la Exaltación y capilla en la canastilla del paso de misterio de La Macarena.

–San Juan Bautista: Faldones del palio de la Armagura y respiraderos del palio de Los Gitanos.

–San Juan Pablo II: Guión en Hdad. de la Estrella.

–San Juan de Dios: Reliquia Templete Hdad. de La Sed.

–San Juan de Ribera: Reliquia en canastilla del paso de Ntro. Padre Jesús de la Salud y Buen Viaje (Hdad. de San Esteban)

–San Juan de la Salle: Banderín Hdad. de la Resurrección.

–San Longinos: Pasos de misterio de las hermandades del Cerro del Águila y Sagrada Lanzada.

–San Lorenzo: Remate del Guión de la Juventud de La Bofetá y templete en cruz parroquial de la Soledad de San Lorenzo.

–Santa Lucía: Banderín en Hdad. de Los Panaderos y respiraderos del paso de palio de Los Gitanos.

–San Nicolás: Cartela en el paso de Cristo y capilla en el paso de palio de la Hdad. de la Candelaria.

–Santa María Magdalena: Imagen secundaria en los pasos de misterio de la Hiniesta, Santa Marta, Las Aguas, Sagrada Lanzada, Siete Palabras, Quinta Angustia, Carretería, Montserrat, Mortaja, Cinco Llagas y Duelo del Santo

San Agustín, San Pascual Bailón, Santo Tomás de Aquino y Santa Clara en el paso de Cristo de la Hdad. de los Gitanos. PA

San Martín de Porres y Santo Domingo. Paso de palio de la Hdad. de los Gitanos. FJP

Santa Lucía. Hdad. de los Panaderos. PA

San Andrés. Paso de palio de la Hdad. de los Panaderos. PA

Santa Isabel, la Virgen, el Niño y San Juan Bautista. Gloria del paso de palio de la Hdad. de San Pedro. PA

San Lorenzo en la Cruz Parroquial de la Hdad. de la Soledad de San Lorenzo. Salazar-Bajuelo (S-B)

Entierro; y en el paso de palio de la Hermandad del Sol.

–Santa Marta: Paso de misterio de Santa Marta y respiraderos del paso de palio de Los Gitanos.

–San Martín de Porres "Fray Escoba": Respiraderos del paso de palio de Los Negritos, basamento de uno de los varales del paso de palio de la Exaltación y respiraderos del paso de palio de Los Gitanos.

–Santa Paula: Manto de Ntra. Sra. de la Angustia (Hdad. de los Estudiantes).

San Juan Bautista. Paso de palio de la Hdad. de la Trinidad. ASC

San José. Paso de Ntro. Padre Jesús de la Sentencia. Hdad. de la Macarena. PA

-San Pedro Nolasco: Gloria del paso de palio de Santa Genoveva y basamento de uno de los varales del paso de palio de La Exaltación.

-San Román: Respiraderos del paso de palio de la Hdad. de los Gitanos.

- Santo Tomás: Cartela en canastilla del paso de misterio del Stímo. Cristo de las Cinco Llagas de la Hdad. de la Trinidad.

- San Vicente: Cartela en respiraderos del paso de misterio del Stmo. Cristo de las Siete Palabras.

Santa Efigenia de Etiopía. Paso de palio de la Hdad. de los Negritos. PA

San Antonio de Padua. Paso de palio de la Hdad. del Dulce Nombre. FJP

San Antonio. Paso de palio de la Hdad. del Buen Fin. FJP

San Juan Bosco. Paso de palio de la Hdad. de la Exaltación. ASC

Santa Catalina. Paso de palio de la Hdad. de la Exaltación. ASC

Santa Marta. Paso de misterio de la Hdad. de Santa Marta. ASC

Pedro y Pablo: Pilares de la Iglesia

Por la inmensa labor apostólica que llevaron a cabo en la difusión del Cristianismo, la Iglesia cita a San Pedro y San Pablo como "Príncipes de los Apóstoles", celebrando su festividad litúrgica cada 29 de junio. Pedro y Pablo, santos mártires, tienen la consideración de Pilares de la Iglesia de Cristo en la Tierra.

Iconográficamente, tanto la pintura como la escultura, muy particularmente desde el Renacimiento italiano, han asentado las representaciones que hoy conocemos de ambos apóstoles. Así, a San Pedro se le suele representar como una persona anciana de cabello y barbas blancas, siendo distintivo en él, la custodia de

San Pablo. Respiradero del paso de palio de la Hdad. de la Esperanza de Triana. ASC

San Pedro. Paso del Stmo. Cristo de las Almas. Hdad. de los Javieres. FJP

las "llaves" del paraíso celestial, imagen que se toma de las propias palabras que le dirigió Jesús y que son recogidas en los Santos Evangelios: "*Tú eres Pedro, y sobre esta piedra edificaré mi Iglesia, y las puertas del Hades no prevalecerán contra ella. A ti te daré las llaves del Reino de los*

San Pedro. Paso de misterio de la Hdad. del Carmen Doloroso. ASC

San Pedro. Paso de misterio de la Hdad. del Dulce Nombre de Bellavista. PA

Cielos, y lo que ates en la tierra quedará atado en los cielos y lo que desates en la tierra quedará desatado en los cielos" (Mt. 16, 13-20).

Como imagen secundaria, el apóstol Pedro aparece representado en los pasos de misterios de las hermandades de la Sagrada Cena, Beso de Judas, Carmen Doloroso, Panaderos y Monte-Sión. Asimismo, la iconografía relacionada con San Pedro, de una manera particular, las llaves del Reino de los Cielos, las vemos representadas en el llamador del paso de pa-

San Pedro. Paso de Misterio de la Hdad. de la Redención. PA

lio de Madre de Dios de la Palma (Hdad. del Cristo de Burgos) y en la heráldica de todas las hermandades hispalenses que adoptan el título de Pontificia. Dado que en otras ocasiones a San Pedro se le asocia, iconográficamente, un gallo, en clara alusión a las tres negaciones que Jesús profetizó, la presencia de este ave la vemos, claramente, representada en el paso de misterio del Carmen Doloroso, que recoge las negaciones de Simón Pedro, simbólicamente representadas por tres rosas; y en la heráldica de la Hdad. del Cristo de Burgos, que tiene su residencia canónica en la Parroquia de San Pedro.

Por su parte, el no menos importante apóstol San Pablo es representado, iconográficamente, portando una espada. De origen hebreo, Saulo de Tarso, formó parte de las persecuciones cristianas. Su conversión al Cristianismo tras caer del caballo cuando iba camino de Damasco al escuchar una voz que

San Pedro. Paso de Misterio de la Hdad. de Monte-Sión. PA

decía "Saulo, ¿por qué me persigues?", provocó que se diera a predicar el Evangelio a los gentiles, fundando numerosas comunidades

Llamador del paso de Ntro. Padre Jesús del Gran Poder. JJ

Llamador del paso de palio de la Hdad. del Cristo de Burgos. FJP

San Pablo. Paso del palio de la Hdad. de Pasión. ASC

San Pedro. Paso de palio de la Hdad. de la Redención. PA

de creyentes en Asia Menor. Al llegar a Roma, fue preso y mandado a ejecutar. Dado que poseía la ciudadanía romana, no se le aplicó la crucifixión, sino que fue decapitado con una espada, de ahí que la iconografía cristiana lo represente con dicho atributo.

En la Semana Santa de Sevilla sus representaciones son mucho menos numerosas que la de San Pedro, si bien, son muchos los pasos de palio que recogen su iconografía, dando su nombre, además, título a una hermandad, la del Polígono de San Pablo.

7
Iconografía Sevillana

El Cabildo Municipal: el Blasón de Sevilla

Como fiesta principal de Sevilla, los grandes emblemas de la ciudad tienen un papel capital dentro de las distintas representaciones iconográficas que vemos durante la Semana Santa. De una manera especial, la heráldica de la ciudad de Sevilla va a tener una amplia representación en diversos enseres y pasos procesionales. Así, el escudo de armas o blasón de la ciudad, representativo de su cabildo municipal, está presidido por la imagen de Fernando III "el Santo", monarca castellano-leonés que reconquistó la ciudad del dominio musulmán en 1248. A derecha e izquierda del rey santo aparecen las figuras de los arzobispos sevillanos San Leandro y San Isidoro, todo ello timbrado por una corona de realeza y unas leyendas alusivas a los méritos de la orbe: *Muy Heroica, Muy Noble, Muy Leal, Invicta y Mariana*. Junto a ello, aparece el lema NO8DO, logotipo utilizado por el ayuntamiento en la praxis, más que el propio escudo de armas. Formalmente compuesto por las palabras NO y DO, más una madeja de hilo, se suele interpretar bajo la fórmula "NO-madeja-DO", en clara alusión a la

Escudo de Sevilla en Guion de la Hdad. de los Estudiantes. ASC

Paso de Ntro. Padre Jesús de la Pasión. SG

Paso de palio de Ntra. Sra. de los Ángeles. Hdad. de los Negritos. PA

adhesión de Sevilla al rey Alfonso X "el Sabio" en la guerra que mantuvo con su hijo Sancho IV "el Bravo". Tanto el escudo como el logotipo están muy representados en toda la ciudad, no escapando la Semana Santa de Sevilla a estos dos símbolos municipales. Cabe apuntar que en el año 1990, el Excmo. Ayuntamiento de Sevilla donó a la Hermandad de la Hiniesta un asta con la réplica del Pendón de la Ciudad rematada por el NO8DO, dado que la Hiniesta Gloriosa es benefactora del consistorio municipal.

La siguiente relación muestra una serie de enclaves donde ambos aparecen representados, tanto el Escudo como el NO8DO:

-Escudo de Sevilla-

-Respiraderos del paso de palio de Ntra. Sra. de la Hiniesta.

-Gloria del paso de palio de María Stíma. de la Amargura.

Cartelas en los respiraderos del paso de palio de la Hdad. de la Hiniesta. PA

-Paso de palio de Ntra. Sra. de la Salud (Hdad. de San Gonzalo).

-Heráldica, Gloria y faldones del paso de palio de Ntra. Sra. de la Angustia (Hdad. Los Estudiantes). En la hermandad de los Estudiantes, también, aparece en el guión de la Facultad de Filosofía y Letras y en el Guión de la Facultad de Derecho.

-Heráldica y bambalina delantera del paso de palio de Ntra. Sra. del Dulce Nombre (Hdad. del Dulce Nombre)

-Bambalina delantera del palio de Ntra. Señora del Dulce Nombre (Hdad. del Dulce nombre).

-Bambalina trasera del paso de palio de María Stma. del Refugio (Hdad. de San Bernardo).

-Faldones del paso del Stmo. Cristo de Burgos.

-Respiraderos del paso de palio de Ntra. Sra. de Regla (Hdad. Los Panaderos).

-Respiraderos del paso de palio de Ntra. Sra. de los Ángeles (Hdad. de los Negritos).

-Corona de salida y bambalina trasera del paso de palio de María Stma. del Rosario (Hdad. de Monte-Sión).

-Respiraderos del paso de Nuestro Padre Jesús de la Pasión.

Pendón de la Ciudad rematado por el NODO. Hdad. de la Hiniesta. ASC

Base de un varal. Paso de palio de la Hdad. de la Hiniesta. PA

Maceros del Ayuntamiento. Paso de palio de la Hdad. de la Hiniesta. FJP

-Corona de salida de Ntra Sra. de la Esperanza Macarena.

-Corona de salida de Ntra. Sra. de la Esperanza (Hdad. de la Trinidad).

-Moldurón respiraderos paso de palio de Ntra. Sra. de la Soledad (Hdad. de los Servitas).

-NODO-

-Varal del paso de palio de Ntra. Sra. de la Hiniesta.

-Bandera del Cabildo Municipal en la Hdad. de la Hiniesta.

-Banderín "Sevilla Mariana" de la Hdad. de San Bernardo.

-Heraldos Municipales (Maceros).

-Candelabros de cola del paso de palio de Ntra. Sra. de la la Hiniesta.

Sevilla Histórica y Monumental

La singular belleza de la que hace gala la ciudad de Sevilla está muy mediatizada por su esplendor monumental. Y es que Sevilla es depositaria de siglos de historia que han ido cambiando su paisaje urbanístico por medio de notables monumentos, lo que a la postre la hacen hoy reconocible desde cualquier rincón del mundo. Históricamente, los grandes artistas de la historia de la Semana Santa hispalense no han dado la espalda a la importancia que representativamente tienen para la ciudad estos edificios, tratando de plasmarlos mediante las artes de la escultura, bordados y orfebrería en los distintos enseres y pasos procesionales. A continuación se muestran ejemplos evidentes de cómo la Sevilla histórica y monumental queda, iconográficamente, representada en nuestra fiesta mayor:

–Cabildo Catedralicio: Faldones laterales del paso de palio de Ntra. Sra. de la Angustia (Hdad. de los Estudiantes).

–Casa de Pilatos: Reproducida en el respiradero frontal del paso de palio de Ntra. Sra. de los Desamparados (Hdad. de San Esteban).

–Cruz del Garfio de Omnium Sanctorum: Corona de Nuestra Señora de Gracia y Amparo (Hdad. Los Javieres).

Casa de Pilatos en el frontal del paso de palio de la Hdad. de San Esteban. FJP

–Cruz de la Cerrajería: Cruz de Guía de la Hdad. de Santa Cruz y respiraderos del paso de palio de Ntra. Sra. de la Merced (Hdad. de Pasión).

–Cruz de los Navegantes: Heráldica y Guión de la Hdad. del Baratillo, y faldones del paso de misterio de la Piedad (Hdad. del Baratillo).

Torres de la Plaza de España. Llamador del paso de misterio de la Hdad. de la Paz. ASC

Arco del Postigo y Puente de Triana. Llamador del paso de misterio de la Hdad. de las Aguas. ASC

Iglesia de Santiago. Llamador del paso de misterio de la Hdad. de la Redención. ASC

Capillita del Carmen, Giralda y Puente de Triana. Llamador del paso de palio de la Hdad. de Montesión. ASC

-Espadaña Iglesia de Santiago: Llamador del paso de misterio del Beso de Judas (Hdad. de la Redención).

-Iglesia de Santa Ana: Respiraderos del paso de misterio del Stmo. Cristo de las Aguas (Hdad. de las Aguas).

-Giralda: Heráldica, respiraderos y toca de sobremanto de Ntra. Sra. de la Paz (Hdad. de la Paz), capilla del respiradero delantero de Ntra. Sra. del Subterráneo (Hdad. de la Sagrada Cena), llamador -conjuntamente con la Capillita del Carmen y el Puente de Triana- del

León de los Reales Alcázares en el llamador del paso del Cristo Yacente. Hdad. del Santo Entierro. SG

Giralda. Llamador del paso de Ntro. Padre Jesús de la Divina Misericordia. Hdad. de las Siete Palabras. JJ

Puente de San Bernardo. Llamador del paso de Cristo de la Hdad. de San Bernardo. PA

Antiguo puente de la Calzada, el acueducto, la Giralda y la torre de la Iglesia de San Benito. Hdad. de San Benito. (S-B)

paso de palio de María Stma. de la Estrella (Hdad. de la Estrella), bambalina delantera del paso de palio de Nuestra Señora de Guadalupe (Hdad. de las Aguas), gloria del techo de palio de Nuestra Señora de la Angustia (Hdad. de Los Estudiantes), llamador -conjuntamente con el Puente de la Calzada y Acueducto (Caños de Carmona)- del paso de misterio de la Presentación al Pueblo (Hdad. de San Benito), llamador -conjuntamente con el Puente de San

Escudo del Cabildo Catedralicio. Faldones del paso de palio de la Hdad. de los Estudiantes. ASC

Cruz de los Navegantes. Faldones paso de misterio de la Hdad. del Baratillo. ASC

Humilladero de la Cruz del Campo. Paso de misterio de la Hdad. del Polígono de San Pablo. ASC

Techo del paso de palio de la Stíma. Virgen de la Angustia. Hdad. de los Estudiantes. ASC

Bernardo– del paso del Stmo. Cristo de la Salud (Hdad. San Bernardo), medallón en respiradero del paso de misterio de Ntra. Sra. de la Piedad (Hdad. del Baratillo), basamento varal del palio de Ntra. Sra. de la Caridad (Hdad. del Baratillo), llamador del paso de misterio de Nuestro Padre Jesús Nazareno de la Divina Misericordia (Hdad. de las Siete Palabras), llamador –conjuntamente con la Capillita del Carmen y el Puente de Triana– del paso de pa-

Paso de palio de la Hdad. de la Cena. FJP

lio de María Stma. del Rosario (Hdad. de Monte-Sión), Simpecado de la Inmaculada de la Hermandad de El Silencio, llamador del paso de Nuestro Padre Jesús Nazareno (Hdad.de la O) y bambalinas trasera del paso de palio de Nuestra Señora de la Soledad (Hdad. de los Servitas).

-León de los Reales Alcázares: Llamador de la Urna del Cristo Yacente (Hdad. del Santo Entierro).

-Monumento a la Inmaculda de la Plaza del Triunfo: Bambalina trasera del paso de palio de Nuestra Señora de Guadalupe (Hdad.de las Aguas) y respiraderos del paso de palio de Ntra. Sra. de la Merced (Hdad. de Pasión).

-Plaza de España (Torres y Puente): Llamador del paso de misterio de Ntro. Padre Jesús de la Victoria (Hdad. de La Paz).

Giralda en el paso de misterio de la Hdad. del Baratillo. ASC

-Postigo del Aceite: Llamador del paso de misterio del Stmo. Cristo las Aguas (Hdad. de Las Aguas). Aparece junto al Puente de Triana. También en basamento de un varal del paso de palio de Ntra. Sra. de la Caridad (Hdad. del Baratillo).

-Puente de Triana: Llamador -conjuntamente con el Postigo del Aceite- del paso de misterio del Stmo. Cristo las Aguas (Hdad. de Las Aguas). Conjuntamente con la Giralda y la Capillita del Carmen, el Puente de Triana

Arco del Postigo, Capilla del Baratillo y Torre del Oro en el paso de palio de la Hdad. del Baratillo. ASC

aparece en los llamadores de los pasos de palio de María Stma. de la Estrella (Hdad. de la Estrella) y de María Stma. del Rosario en sus Misterios Dolorosos (Hdad. de Monte-Sión). De igual modo junto con Parroquia de la O y la Capillita del Carmen, el Puente de Triana aparece en el llamador del paso palio de Nuestra Señora de la O (Hdad. de La O). Finalmente, el Puente de Triana aparece en el llamador de Ntra. Sra. del Patrocinio (Hdad. del Cachorro).

–Real Maestranza: Navetas de la Hdad. del Baratillo.

–Torre del Oro: Basamento varal del palio de Ntra. Sra. de la Caridad (Hdad. del Baratillo).

–Torre Iglesia de San Marcos: Banderín de San Marcos de la Hdad. de Los Servitas.

–Humilladero de la Cruz del Campo: Cartela en respiradero trasero del paso de misterio del Stmo. Cristo de las Aguas (Hdad. de las Aguas).

Cruz de la Cerrajería. Cruz de Guía de la Hdad. de Santa Cruz. FJP

Giralda. Paso de palio de la Hdad. de la Paz. ASC

La Giralda en el paso de palio de la Hdad. de las Aguas. ASC

Monumento a la Inmaculada. Paso de palio de la Hdad. de las Aguas. ASC

Bambalina trasera del paso de palio de la Hdad. de los Servitas. ASC

Torre de San Marcos. Banderín de San Marcos. Hdad. de los Servitas. PA

Giralda en el techo del paso de palio de la Hdad. de San Roque. PA

La Medalla de Oro de Sevilla y las Llaves de la Ciudad

El Reglamento de Honores y Distinciones que rige en el Cabildo Municipal hispalense tiene entre sus más preclaras condecoraciones la concesión de la Medalla de Oro de Sevilla, distinción ésta, que a lo largo de la historia ha sido impuesta tanto a personas físicas como a asociaciones e instituciones. Y como no podía ser de otra forma, la Semana Santa de Sevilla no es ajena a este tipo de consideraciones, siendo muchas las corporaciones penitenciales que ostentan tan egregia distinción, honor que en muchos casos se hace visible, a modo de ajuar, en el pecho de las imágenes, de manera especial, las dolorosas:

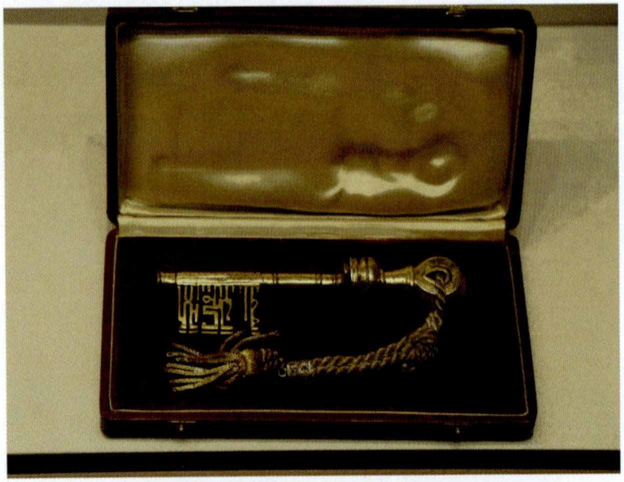

Llaves de la Ciudad de Sevilla. ASC

-Nuestra Señora de los Dolores (Hermandad de Torreblanca).

-Nuestra Señora de la Paz.

-Nuestra Señora de Gracia y Esperanza (Hermandad de San Roque).

-Nuestra Señora de la Hiniesta.

-María Santísima de la Estrella.

-María Santísima de la Amargura.

-Nuestra Señora de las Mercedes (Hermandad de Santa Genoveva).

-Nuestra Señora de los Dolores (Hermandad del Cerro del Águila).

-Nuestra Señora de la Encarnación (Hermandad de San Benito).

-Nuestra Señora de la Palma (Hermandad del Buen Fin).

-Nuestra Señora de Regla (Hermandad de los Panaderos).

-Nuestra Señora de la Victoria (Hermandad de las Cigarreras).

-María Santísima del Rosario en sus misterios dolorosos (Hermandad de Monte-Sión).

-María Santísima del Valle.

Ntra. Sra. de Gracia y Esperanza. Hdad. de San Roque. PA

Ntra. Sra. de la Esperanza Macarena. PA

–Nuestro Padre Jesús del Gran Poder.

–Nuestra Señora de la Esperanza Macarena.

–Nuestra Señora de Esperanza (Hermandad de la Esperanza de Triana).

–Nuestra Señora de las Angustias (Hermandad de los Gitanos).

–Nuestra Señora del Patrocinio (Hermandad del Cachorro).

–Nuestra Señora de la O. (Hdad. de la O).

Mª Stma. de Regla. Hermandad de los Panaderos. PA

-Nuestra Señora de la Esperanza (Hermandad de la Trinidad).

-En la Semana Santa del 2015, María Santísima de los Dolores y Misericordia, titular de la Hermandad de Jesús Despojado portó la Medalla de Oro de Sevilla, que a título póstumo fuera concedida a Paco Palacios "El Pali", el conocido "Trovador de Sevilla".

Junto a la Medalla de Oro de la Ciudad, especial relevancia tienen las Llaves de la Ciudad, que porta Ntra. Sra. de Gracia y Esperanza (Hdad. de San Roque) colgando de su fajín y que son una réplica de las originales Llaves de la Ciudad de Sevilla, que se conservan en la S.M.I. Catedral. Fechadas en la segunda mitad del siglo XIII, en ellas se pueden leer dos inscripciones, una árabe "al-Amr kullu-hu li-Ll-h",

Las Llaves de la Ciudad en la Saya de Ntra. Sra. de Gracia y Esperanza. Hdad. de San Roque. ASC

Ntra. Sra. de la Esperanza. Hdad. de la Trinidad. FJP

que se traduce como "Todo el poder pertenece a Dios", y otra castellana "Dios abrirá, rey entrará", que hacen alusión al carácter todopoderoso de Dios, a quien por encima de todo corresponde la custodia de la ciudad. La dolorosa de San Roque las recibió del Excmo. Ayuntamiento de Sevilla en el año 2002, luciendo en la actualidad tal honor tanto en el besamanos, que se celebra el 18 de diciembre, como en la procesión del Domingo de Ramos.

Los Seises

La Octava del Corpus, la festividad de la Inmaculada Concepción y el Triduo de Carnaval ven danzar en la Catedral de Sevilla a un grupo de doce niños, ataviados con trajes de corte renacentista, son los Seises. Históricamente, estos grupos de niños cantores en la catedral hispalense se remontan a fines de la Edad Media, aunque por entonces no eran llamados así, sino Mozos de Coro, siendo cuatro y estando dirigidos por un maestro de canto, con el que vivían y que además era encargado de instruirlos y darles manutención. El grupo crecería hasta dieciséis ya en la segunda mitad del siglo XV. De hecho, el término Seise proviene del castellano antiguo "Seize", que significa dieciséis, por lo que desde el siglo XVI van a ser conocidos como Seises. Desde el siglo XVII y hasta la segunda mitad del siglo XX, concretamente 1960, los Seises vivirían en el Colegio de San Isidoro, también conocido como San Miguel, perteneciendo, actualmente, al Colegio Portaceli y situándose su número en diez.

De su indumentaria destacan los pantalones blancos con abombamiento, mayas blancas, camisas blancas y zapatillas blancas. Casaca sobre la camisa y sombreros con plumas, alternan el color celeste y el rojo según la festividad litúrgica. Así, el atuendo de este grupo de niños danzantes será rojo para los bailes propios del Triduo Pascual, Corpus Christi y Octava del Corpus; y celeste para la festividad de la Inmaculada Concepción.

Paso de palio de la Hdad. de la Resurrección. ASC

Desde un punto de vista meramente cofrade, hay que recordar que los Seises fueron los padrinos de la Coronación Canónica de Nuestra Señora de las Angustias, dolorosa titular de

Candelabros de cola del paso de palio de la Hdad. del Museo. PA

la Hermandad de los Gitanos, acontecimiento que tuvo lugar en la Catedral de Sevilla en el año 1988. El recuerdo de los Seises está muy presente en la Semana Santa de Sevilla, sobresaliendo su iconografía en distintas corporaciones penitenciales, si bien, por su notabilidad, conviene destacar su presencia en los siguientes pasos procesionales:

–Gloria del techo de palio de Ntra. Sra. de los Dolores (Hdad. de Torreblanca).

–Canastilla paso de misterio del Stmo. Cristo de la Buena Muerte (Hdad. de la Hiniesta).

–Guion Conmemorativo de la Coronación Canónica de Ntra. Sra. de la Estrella (Hdad. la Estrella).

Guion de la Coronación de la Hdad. de la Estrella. ASC

Guion de la Coronación de la Hdad. de los Gitanos. ASC

Cartela frontal del paso del Stmo. Cristo de la Buena Muerte. Hdad. de la Hiniesta. JJ

Ciriales de la Hdad. de los Gitanos. ASC

–Llamador del paso de palio de Ntra. Sra. de las Aguas (Hdad. del Museo).

–Candelabros de cola del paso de palio de Ntra. Sra. de las Aguas (Hdad. del Museo).

–Llamador del paso de palio de Ntra. Sra. de Gracia y Amparo (Hermandad de los Los Javieres).

–Cartela delantera del respiradero del paso de misterio del Stímo. Cristo de las Siete Palabras. Aparecen representados, conjuntamente con San Leandro, San Isidoro, Santa Ángela de la Cruz y las Santas Justa y Rufina.

–Guion Conmemorativo de la Coronación Canónica de Ntra. Sra. de las Angustias de la Hdad. de los Gitanos.

–Respiradores del paso de palio de Ntra. Sra. de la Aurora (Hdad. de la Resurrección).

Sevilla Mariana

De entre los muchos títulos que ostenta la ciudad de Sevilla, hay uno que llama poderosamente la atención, el título de "Mariana". Si bien es cierto que a lo largo de los siglos, el enorme arraigo de la piedad popular en la ciudad ha hecho que Sevilla sea conocida como la "Tierra de María Santísima", el título de "Mariana" que jaspea el blasón del Cabildo Municipal, tiene un origen específico que se encuentra en el mundo de las hermandades y cofradías.

Así, la incorporación del término "Mariana" a los títulos de la ciudad hispalense hay que rastrearlo en el año 1946, cuando el por entonces hermano mayor de la Hermandad de San Bernardo, Antonio Filpo Roja, acompañado de un grupo de hermanos de la corporación y de cofrades sevillanos, instaron al Cabildo Municipal, presidido entonces por Rafael Medina y Villalonga, Duque de Alcalá, a incorporar al blasón municipal la referencia a la devoción del lugar por la Virgen María, propuesta que fue presentada con fecha del 5 de agosto. Acogida con enorme aceptación, el equipo de gobierno abrió una comisión permanente para el estudio histórico de la fe que Sevilla profesaba a la Madre de Dios, siendo el informe tan favorable, que el Excmo. Ayuntamiento, reunido en pleno extraordinario el día 22 de noviembre, aprobó por unanimidad que Sevilla llevara el título de "Mariana", junto a los de "Muy Heroica, Muy Noble, Muy Leal e Invicta"

Dicho acuerdo, sería remitido por el Sr. Alcalde, Rafael Medina y Villalonga, tanto al Ministerio de Gobernación, como a la Archidiócesis Hispalense, siendo cabeza de la iglesia sevillana, el Cardenal y Arzobispo Pedro Segura y Sáez. El procedimiento administrativo culminó el día 6 de diciembre de ese mismo año, cuando Francisco Franco Bahamonde, Jefe de Estado, firmó el decreto que concedía a Sevilla tal distinción para su título, haciendo lo propio el Cardenal Segura ya el 9 de enero de 1947. Finalmene, el Pleno del Excmo. Ayuntamiento de Sevilla incorporaría a Sevilla el título de "Mariana" con fecha del 13 de enero de 1947.

Debe por tanto la "Tierra de María Santísima" su título de "Ciudad Mariana" al notable gesto de los cofrades de la Hermandad de San Bernardo, que cada año durante su estación de penitencia recuerdan este hecho con la presencia de una insignia a modo de banderín en su cortejo penitencial, donde, conjuntamente con los sevillanos emblemas del escudo y el NO8DO, se puede leer en letras bordadas en oro, la leyenda "Sevilla Mariana". Dicho banderín, se coloca en el último tramo de nazarenos de la Virgen, antecediendo a la presidencia del paso de palio de María Santísima del Refugio.

Página Dcha: Banderín de la Hdad. de San Bernardo. ASC

SEVILLA
MARIANA

Semana Santa y Toros

Antonio Sánchez Carrrasco

Como la ciudad se imbuye de todas sus fiestas, también sus fiestas se imbuyen de la ciudad. Así las fiestas entre ellas también encuentran sus nexos de unión y algo así ocurre entre la fiesta de los toros y la Semana Santa. Aunque estos nexos son innumerables, quizás hay una hermandad donde son más palpables como es el Baratillo. Desde que en 1774 Pepe Hillo donara una imagen de San José a la hermandad, atribuida a Montes de Oca, el torero de Espartinas, que pertenecía a la hermandad y es el autor del célebre "Tratado de Tauromaquia", acudía a la Capilla del Baratillo cada vez que iba a torear en la Plaza de la Maestranza. Además de Pepe Hillo hay que sumar muchos otros toreros. Antonio Ordóñez (que también estuvo vinculado a la Esperanza de Triana y a la Soledad de San Lorenzo), Chamaco, Paquirri, El Cordobés, que toreó una corrida a beneficio de la hermandad y donó un traje que ahora es una saya roja, "el Andaluz", con cuyo traje se confeccionó la saya blanca. Y más actuales el mexicano Silveti que como su abuelo, que cada año venía el Miércoles Santo a vestir su túnica, cada vez que toreaba en Sevilla antes pasaba por la capilla del Baratillo, y Morante

Capilla del Baratillo. ASC

La Real Maestranza en una naveta de la Hdad. del Baratillo. ASC

Llamador del paso de palio de la Hdad. del Baratillo. ASC

de la Puebla, también hermano de la corporación, que cuando actúa en el coso maestrante suele orar ante sus titulares previamente. Muchos otros contactos como el arraigo de toreros como los Vázquez con San Bernardo. Joselito en su eterno amor a su hermandad Macarena. Belmonte con el Cachorro, cuya maniguета y relicario del Cristo de la Expiración aún se conservan. Arruza con Monte-Sión, a cuya Virgen su esposa donó una pequeña Virgen de Guadalupe que se sitúa tras el llamador. O el maestro Curro Romero cuyo nombre aparece cincelado en el libro de un evangelista de los respiraderos de la Virgen de la Aurora, como ese nexo eterno entre el Faraón de Camas y el Domingo de Resurrección y que donó un traje de torear a la Carretería, hermandad a la que el torero Capillé donó un traje que actualmente

Saya torera. Mª Stma. del Rosario. Hdad. de Monte-Sión. ASC

Pluma de Joselito "El Gallo". Hdad. de la Macarena. ASC

es saya de la Virgen de la Luz. Sayas hechas de vestidos de torear también las hay en el Dulce Nombre, Mercedes o Guadalupe, así como la representación del escudo de la Maestranza de Caballería en diversos enseres de la Soledad de San Lorenzo, cofradía de Antonio Ordóñez, que también perteneció a la Esperanza de Triana . Por último reseñar la presencia de la Banda del Maestro Tejera, habitual en el tendido 11 maestrante, en la trasera de diversos pasos de palio. Y por supuesto, estampas, medallas, imágenes, que acompañan a cada torero. De toros y cofradías, de cofradías y toros.

Saya de Mª Stma. de Guadalupe. Hdad. de las Aguas. ASC

El nombre de Curro Romero cincelado en el libro de un evangelista en los respiraderos del paso de palio de Ntra. Sra. de la Aurora. Hdad. de la Resurrección. ASC

"Machos" toreros en los respiraderos del paso de palio de la Hdad. de San Bernardo. PA

Semana Santa y Fútbol

La historia futbolística hispalense ha ido a lo largo del tiempo, indisolublemente, unida a la historia de la ciudad. El rojiblanco y el verdiblanco, colores representativos del Sevilla F. C. y del Real Betis Balompié, forman parte del patrimonio inmaterial de los sevillanos. Pasión, leyenda y sentimiento se entremezclan en la ciudad cuando se habla del deporte rey. De hecho, la pasión futbolística por estos equipos está tan arraigada en la ciudad, que socialmente se ha extrapolado del ámbito deportivo hasta el ámbito cofrade, siendo diversas las hermandades y cofradías hispalenses que guardan algún tipo de relación con estas entidades deportivas. Ejemplos paradigmáticos de ello son las hermandades de la Soledad de San Lorenzo, la Carretería, y Monte-Sión, a cuyas dolorosas, tanto el Sevilla F. C. como el Real Betis Balompié impusieron hace unos años sus respectivas insignias de

Escudo del Sevilla F.C. en el paso de palio de la Hdad. de la Hiniesta. ASC

Logos del Centenario del Real Betis Balompié y del Sevilla F. C. en la canastilla del paso de misterio de la Hdad. del Polígono de San Pablo. ASC

oro y brillantes, en los años 2008, 2009 y 2010, respectivamente. De manera sentimental, hay que apuntar que el equipo rojiblanco está muy vinculado a las hermandades del Polígono de San Pablo, San Benito, la Sed, San Bernardo y el Sol, a quienes, anualmente, realizan una ofrenda floral el día de su estación de penitencia. Por su parte, el club verdiblanco mantiene estrechos vínculos con las hermandades de La Misión, Polígono de San Pablo, Cautivo de Santa Genoveva y Cerro del Águila.

Históricamente, tallistas, bordadores y orfebres han colocado sobre sus distintos trabajos algunas referencias futbolísticas, elementos éstos, en muchas ocasiones tan escondidos, que son casi imperceptibles para el gran público que observa el discurrir procesional. Curiosidades iconográficas que quedan representadas de la siguiente manera:

-Sevilla F. C.-

-Escudo: Guardabrisa de uno de los candelabros de cola del paso de palio de Nuestra Señora de la Hiniesta (Hdad. de la Hiniesta).

-Logo del Centerario (Cien): Canastilla del paso de misterio de Nuestro Padre Jesús Cautivo y Rescatado (Hdad. del Polígono de San Pablo).

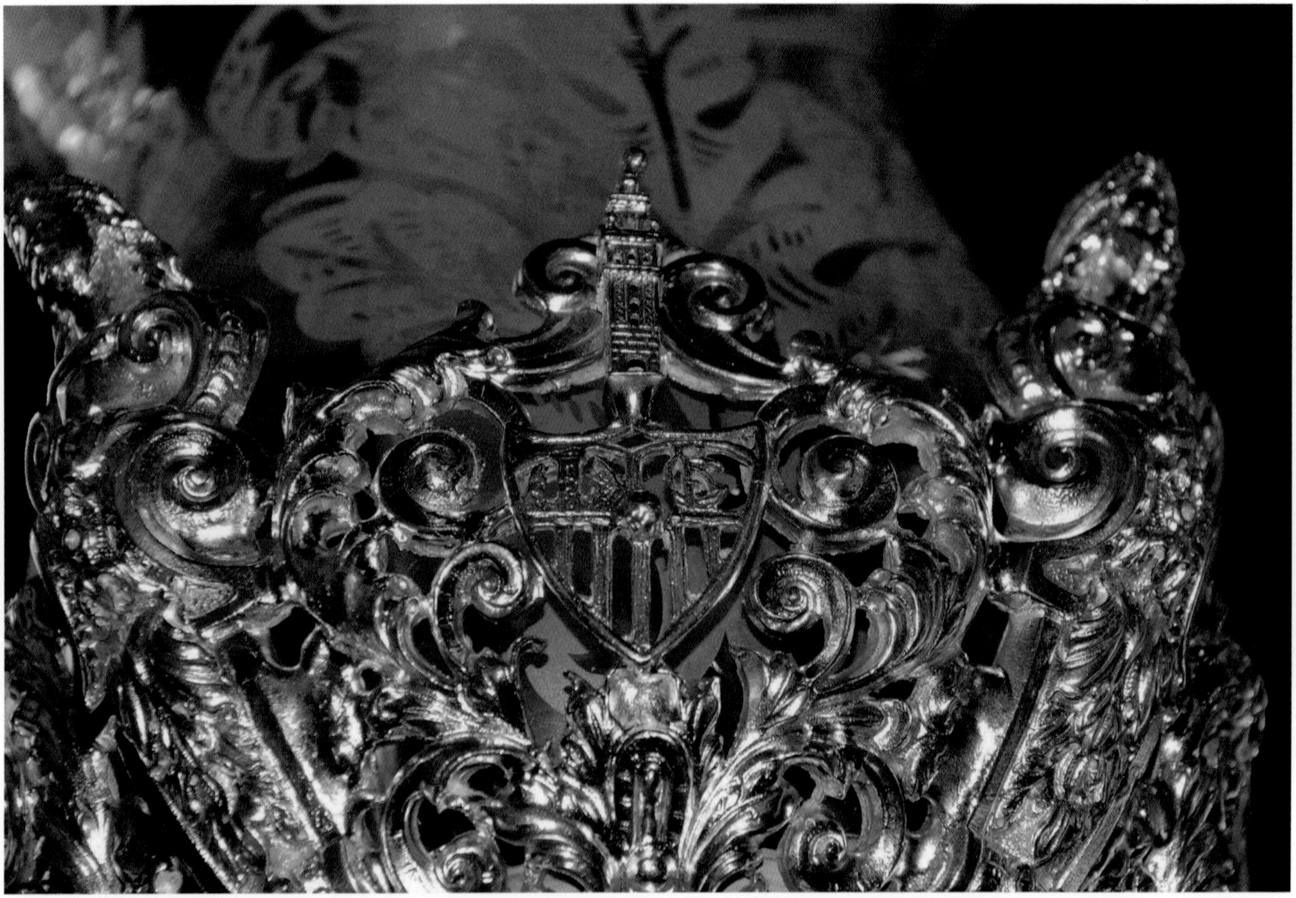

Escudo del Sevilla F. C. en el guardabrisa del paso de palio de la Hdad. de la Hiniesta. PA

-Escudo: Uno de los varales del paso de palio de Nuestra Señora de las Mercedes (Hdad. del Cautivo de Santa Genoveva).

-Escudo: Bambalina trasera del paso de palio de María Santísima del Rosario en sus Misterios Dolorosos (Hdad. de Monte-Sión), concretamente dentro del Escudo de la Ciudad de Sevilla, sobre la capa de San Leandro.

-Real Betis Balompié-

-Escudo: Candelabro de cola del paso de palio de Nuestra Señora de la Hiniesta (Hdad. de la Hiniesta).

-Logo del Centenario: Canastilla del paso de misterio de Nuestro Padre Jesús Cautivo y Rescatado (Hdad. del Polígono de San Pablo).

Escudo del Real Betis Balompié. Paso de palio de la Hdad. de la Hiniesta. S-B

-Escudo: Uno de los varales del paso de palio de Nuestra Señora de las Mercedes (Hdad. del Cautivo de Santa Genoveva).

-Escudo: Bambalina trasera del paso de palio de María Santísima del Rosario en sus Misterios Dolorosos (Hdad. de Monte-Sión), concretamente dentro del Escudo de la Ciudad de Sevilla, sobre la capa de San Isidoro.

-Escudo: Pieza de candelería del paso de palio de Ntra. Señora de la Esperanza Macarena (Hermandad de la Macarena).

Los pies de Dios: los Hermanos Costaleros

Históricamente los pasos fueron llevados por costaleros profesionales procedentes en su mayoría de trabajadores jornaleros del puerto de Sevilla, una tendencia que se mantuvo hasta la década de los años 70 de pasado siglo XX, cuando irrumpen con una fuerza inusitada en el seno de las hermandades las cuadrillas de hermanos costaleros, siendo la de la Hermandad de los Estudiantes en 1973 la primera en procesionar de esta manera. Esas cuadrillas de hermanos vinculados a las cofradías fueron artífices, sin lugar a dudas, de la gran eclosión de la Semana Santa hispalense contemporánea. For-

Paso de misterio de la Hdad. del Polígono de San Pablo. ASC

Base de los candelabros de cola del paso de palio de la Hdad. de los Javieres. FJP

Llamador del paso del Stmo. Cristo de la Vera Cruz. FJP

malmente, los costaleros para portar los pasos procesionales se valen del "costal", término del que proviene su nombre. Se trata de la prenda utilizada para portar las imágenes bajo las trabajaderas, recayendo el peso sobre el cuello a la altura de la séptima vértebra cervical. El costal utilizado para desempeñar dicha labor se divide en dos partes, una tela que puede ser de saco, arpillera o punto de cruz y una pequeña almohadilla conocida como "morcilla" que sirve para amortiguar el peso. Cabe señalar que el estilo de andar de los pasos difiere entre unas hermandades y otras, cobrando en este sentido un papel predominante el andar serio y racheado en las hermandades más sobrias y el andar más jubiloso entre las cofradías más populares, desempeñando un protagonismo capital en ese sentido la influencia del llamado *andar trianero*, de costero a costero y con el izquierdo por delante, una manera de andar que por su espectacularidad se ha ido exportando paulatinamente a varios rincones de la geografía andaluza.

Llamador del paso del Stmo. Cristo del Buen Fin. ASC

Iconográficamente, el recuerdo de esta figura, tan transcendental para entender la Semana Santa moderna, se hace presente en las siguientes hermandades:

-Llamador del paso de misterio de Ntro. Padre Jesús Despojado (Hdad. de Jesús Despojado)

-Llamador del paso de palio de Ntra. Sra. de la Paz (Hdad. de La Paz).

-Llamador del paso de misterio de la Sagrada Cena (Hdad. de la Sagrada Cena).

-Ángel Querubin costalero en la canastilla del paso de misterio de Ntro. Padre Jesús Cautivo y Rescatado (Hdad. del Polígono de San Pablo).

-Llamador del paso de palio de Ntra. Sra. de las Mercedes (Hermandad de Santa Genoveva).

Llamador del paso del Stmo. Cristo de la Sed. FJM

–Llamador del paso del Stmo. Cristo de la Veracruz (Hdad. de la Veracruz).

–Basamento de uno de los varales del paso de palio de Ntra. Sra. de las Aguas (Hdad. del Museo).

–Basamento de los candelabros de cola del paso de palio de Ntra. Sra. de Gracia y Amparo (Hdad. de los Javieres).

–Llamador del paso del Stmo. Cristo de la Sed (Hdad. de la Sed).

–Llamador del paso del Stmo. Cristo del Buen Fin (Hdad. del Buen Fin).

–Llamador del paso de palio de Ntra. Sra. de las Angustias (Hdad. de Los Gitanos).

Epílogo

Alberto Diago

A partir de la Iconografía, sentimos la búsqueda de Jesús en esos pasajes que hablan a través de nuestros pasos procesionales, donde el alma dibuja el silencio de Dios en el corazón del hombre. La vida de los santos y especialmente la de la Virgen María en sus muchas advocaciones, reflejan como afirmaba el Papa San Juan Pablo II, la bondad y la santidad de Dios.

La Iconografía no solo habla a través de la historia del arte, sino también habla e interpreta los matices de la sensibilidad del hombre en esa iconografía cristiana que muestra nuestra Semana Santa a través de una fe meditada, vivida y contemplada por medio de la belleza de la fe a través de Dios, que se deja vislumbrar en nuestro espíritu, mediante el encanto y la nostalgia.

No hay mayor forma de iconografía que la Cruz, desde esa misericordia que abraza Jesús pobre y humilde, el mismo Jesús del Evangelio. Jesús muere y resucita por todos, manifestándose un amor gratuito. Decía el apóstol San Pablo "que la predicación de la Cruz es una necedad para los que se pierden, más para los que se salvan, para nosotros es fuerza de Dios". El crucificado desvela por una parte, la debilidad del hombre; y por otra, el verdadero poder de Dios, es decir la gratuidad del amor, precisamente esa gratuidad total es la verdadera sabiduría.

La cruz es el signo de la negación de la vida, es signo de reconciliación, signo de amor que es más fuerte que la muerte, aquella forma que vence al mal con el bien, aquel que es bien verdaderamente en el nombre del Señor. La locura de la Cruz es convertir el sufrimiento en grito de amor de Dios, como aquel Cristo expirante del Salvador, que mana agua y sangre de ese costado divino lleno de misericordia para el prójimo, donde las tinieblas se convierten en resplandores de luz, para un cristiano exaltar la Cruz es vivir la fe, desde la misma resurrección y manifestar la totalidad del amor.

Una de las mejores formas de iconografía de nuestra Semana Santa es la Caridad, no es solo una expresión o una obra de misericordia; sino aquella voz encalada en tantas Iglesias de nuestra ciudad, aquel Cristo muerto que vive en el corazón de tantas personas, aquel mismo que liba con esas vísperas cada Martes Santo en San Andrés, donde la sarga negra es el duelo inigualable de una estación de penitencia a los ojos de Dios. La fe es la respuesta al amor de Dios, se empieza a ser cristiano, por un acontecimiento, por un encuentro con Cristo Resucitado, el cristiano es por tanto una persona conquistada por el amor de Dios.

También Jesús camina en medio de nosotros, no solo en una forma iconográfica, sino a través de una vida de fe, de ese Jesús verdaderamente vivo, que llena de sentido nuestra vida, con una sola y única pretensión, llevar

Ntro. Padre Jesús de las Penas. TG

Ntro. Padre Jesús de la Sentencia. TG

la salvación a todos los pueblos del Mundo, es ese mismo Jesús que carga con la cruz al hombro, que se hace hombre para llevar nuestros pecados y nuestras miserias, ese mismo Jesús que nos consuela y nos perdona. La excepcionalidad de la figura iconográfica de Jesús de Nazaret, nos supera, como aquella escena dónde Jesús preguntó a sus discípulos ¿Qué buscáis?. El camino por tanto comienza con el encuentro de Jesucristo, de ese mismo Jesús que cada Viernes nos espera en San Lorenzo, para limpiar nuestras heridas y sanar nuestros corazones. La imagen de Cristo y las imágenes de los santos, no son sólo fotografías, esculturas... iconografías. Su cometido es transformar lo invisible en visible, la sacralidad de la imagen consiste precisamente en llevarnos a una contemplación interior.

La iconografía nace de un culto verdadero para promover la santificación de los cristianos, no solo la iconografía atañe a la historia del arte, sino también a la historia de la civilización en general, del pensamiento humano, reflejando los matices de la sensibilidad de cada momento, por eso de la misma manera que una palabra puede tener varias acepciones, una imagen puede sugerir, según las épocas ideas muy diferentes. La contemplación de la iconografía cristiana contribuye a la belleza de la fe, a veces iconografía es aquello que no vemos pero si sentimos a través del silencio y de las emociones.

Y no hay imagen iconográfica en nuestra ciudad que más represente a ese Jesús resucitado, ese Jesús pobre y humilde que la imagen y la figura de Jesús del Gran Poder, aquel que es el camino, la verdad y la vida.

Tomad, Señor y recibid

toda mi libertad, mi memoria,

mi entendimiento.

y toda mi voluntad,

todo mi haber y mi poseer.

Vos me lo disteis,

a vos Señor, lo torno.

todo es vuestro.

Disponed a toda vuestra voluntad.

Dadme vuestro amor y gracia,

que ésta me basta.

(San Ignacio de Loyola)

Stmo. Cristo de la Expiración "El Cachorro". TG

AGRADECIMIENTOS

A Ediciones Alfar por su inquebrantable apuesta por la difusión de la cultura sevillana y andaluza.

A Antonio Sánchez Carrasco, Pedro Aranda, Sebas Gallardo, Javi Jiménez y Francisco José Pérez, por sus imponderables aportaciones fotográficas, que captan a la perfección la belleza y la riqueza de la que es depositaria nuestra Semana Santa.

A Teresa Guzmán y César Ramírez, por poner a disposición de los cofrades su inmenso talento artístico a través de sus brillantes ilustraciones.

A Manuel Jesús Roldán Salgueiro, prologuista de esta obra, por glosar a través de sus textos la verdadera esencia de nuestra Semana Santa, la verdadera esencia de todo...

A Jesús Méndez Lastrucci y Alberto Diago, por alumbrar con la luz de la fe, el contenido de un libro pleno de sevillanía.

A Francisco Javier Montiel, Fernando Salazar, Ángel Bajuelo y Óscar Villalta García, por su inestimable y altruista aportación gráfica.

Y a ti Sevilla, por permitirme, por encima de todo, hablar de Dios.

–Pablo Borrallo–

Historiador y escritor,

Autor de los textos y coordinador de la obra

De izda. a Dcha: César Ramírez, Antonio Sánchez Carrasco, Javi Jiménez,
Jesús Méndez Lastrucci, Teresa Guzmán, Pablo Borrallo, Pedro Aranda, Francisco José Pérez
y Sebas Gallardo

Fotografía tomada en el patio del Hotel Ateneo de Sevilla

Se terminó de escribrir esta obra

el día 29 de junio del año

del Señor de 2017

festividad litúrgica

de los Santos

Pedro y

Pablo